Claudia Schnieper · Roland Warzecha

Reise in das
ALTE ROM

kbv LUZERN

CLAUDIA SCHNIEPER,
Jahrgang 1949, lebt als Autorin und Publizistin in der Nähe von Luzern in der Schweiz. Sie hat zahlreiche Sachbücher für Erwachsene und Kinder geschrieben, für die sie mehrfach ausgezeichnet wurde. Von Claudia Schnieper ist beim kbv LUZERN zuletzt erschienen: *Auf den Spuren des Menschen: Das Rätsel unserer Entwicklungsgeschichte*

ROLAND WARZECHA
Jahrgang 1966, studierte Grafik-Design an der Kunstakademie Stuttgart. Seit 1993 ist er als freier Illustrator in Hamburg vorwiegend für Werbeagenturen tätig, seine Arbeiten wurden bereits mehrfach ausgezeichnet. Zudem sind mehrere seiner Comics publiziert worden.

Für die freundliche Unterstützung und fachliche Beratung während der Entstehung dieses Buches danken wir ganz besonders Dr. Alex A. Furger und dem Team der Römerstadt Augusta Raurica sowie den Mitarbeitern des Saalburgmuseums, Bad Homburg, Herrn Mario Becker und Herrn Gerd Herrmann; außerdem Werner Pollak, Hannover; Dr. Oliver Schlegel, Quedlinburg; Frau Anneliese Fleischman-Stroh, Heilbronn.

In der gleichen Reihe ist beim kbv LUZERN außerdem erschienen:
Christa Holtei & Udo Kruse-Schulz: Reise in das Alte Ägypten

Die Deutsche Bibliothek – CIP-Einheitsaufnahme
Reise in das alte Rom / Claudia Schnieper; Roland Warzecha. –
Düsseldorf: kbv Luzern, 2002
ISBN 3-7941-8004-6

Claudia Schnieper (Text)
Roland Warzecha (Illustrationen)
Reise in das Alte Rom

© 2002 Patmos Verlag GmbH & Co. KG
Kinderbuchverlag Luzern, Düsseldorf
Alle Rechte, einschließlich der fotomechanischen und elektronischen Wiedergabe, vorbehalten.

Gesamtherstellung: Fotolito Longo, Italien

Printed in Italy

ISBN 3-7941-8004-6
www.patmos.de

INHALT

SALVE!

Willkommen in Colonia Splendida am Ufer des schönen Rheins. Die stolze Koloniestadt wird auch Klein-Rom genannt. Ihre Thermen, das Amphitheater und die prächtigen Tempel sind weiterum berühmt. Außerdem ist das Klima gesünder und das Leben viel weniger hektisch als in Rom, der 676 Meilen* entfernten Hauptstadt des Römischen Reiches. Einheimische und Durchreisende schätzen diese Annehmlichkeiten.

Wir befinden uns im Jahr 150 nach Christi Geburt. Seit ihrer Gründung hat sich Colonia Splendida innerhalb von zweihundert Jahren zu einem blühenden Zentrum entwickelt. Handwerk und Handel gedeihen. Und dank der Legionäre im Lager außerhalb der Stadtmauern fühlen sich die Bürger einigermaßen sicher vor den Barbaren auf der anderen Seite des Stroms. Kurzum: Es geht ihnen gut.
Für die Bürger von Colonia Splendida ist es unvorstellbar, dass ihre Stadt eines Tages vom Erdboden verschwinden wird. Oder dass schon ein paar Jahrhunderte später nicht mehr überall Latein gesprochen wird. Denn die Römer und ihre Kultur beherrschen die Welt. Dieser Meinung sind auch Tiberius Flavius Andecamulus, frisch gebackener Bürgermeister des Orts, und die meisten anderen Leute, die in unserer Geschichte eine Rolle spielen.

PS**: Die Stadt Colonia Splendida und sämtliche handelnden Personen sind frei erfunden. Ähnlichkeiten mit römischen Koloniestädten an Rhein und Donau und ihren Bewohnern sind jedoch vorhanden.

*   1 RÖMISCHE MEILE = 1480 METER
**   POSTSKRIPTUM = NACHSCHRIFT
     (AUS DEM LATEINISCHEN)

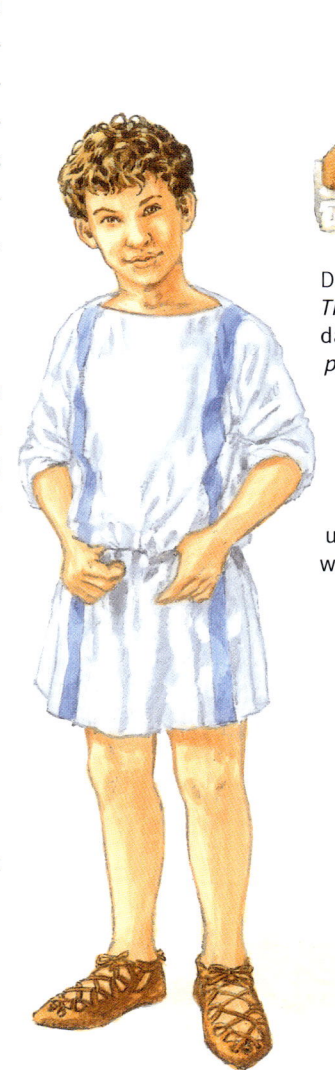

DER VATER
Tiberius Flavius Andecamulus ist das Oberhaupt der Familie, der *pater familias*. Er gehört zu den Notabeln der Stadt und wurde vor kurzem zum Bürgermeister gewählt. Flavius ist gallischer Abstammung, besitzt aber das römische Bürgerrecht. Sein Amt und seine Karriere sind ihm sehr wichtig.

DER SOHN
Der zehnjährige *Marius* träumt davon, ein unbesiegbarer Gladiator zu werden. Er verwendet eine Menge Energie darauf, seinen Lehrer und seine Schwester zu ärgern. In Mathe ist er stark, doch wenn es nach ihm ginge, würde das Auswendiglernen abgeschafft.

DER ARZT
Heliodoros hat seine chirurgischen Kenntnisse in seiner Heimat Griechenland und später als Militärarzt der Römer auf dem Schlachtfeld erworben.

DER ONKEL
Caius Castricius Victor ist Centurio und wohnt in der Kaserne vor den Toren der Stadt. Cornelias Bruder blieb wegen seines unsteten Lebens Junggeselle. Ein harter Kämpe, der gesprächig wird, wenn er von seinen Abenteuern in fremden Ländern erzählen kann.

DER SOHN DES ARZTES
Asklepiades wird von seinem Vater in die Heilkunst eingeweiht. Der gelehrige Schüler ist in letzter Zeit jedoch nicht mehr voll bei der Sache. Ein süßes Mädchen mit Namen Flavia hat ihm den Kopf verdreht.

DIE MUTTER
Die Römerin *Cornelia* hat es durch die Heirat mit Flavius in die gallorömische Provinz verschlagen. Sie ist ihrem Gatten treu ergeben und vergöttert ihre Kinder. Sie kümmert sich um den Haushalt und die Sklaven. Kochen ist ihre Lieblingsbeschäftigung.

DIE TANTE
Augusta, die jüngste Schwester des Vaters, interessiert sich brennend für Politik. Sie ist blitzgescheit und immer nach dem letzten Schrei gekleidet. Politik macht man nicht zuletzt mit seinem Äußeren, lautet ihre Devise.

DIE TOCHTER
Flavia ist dreizehn und somit bereits heiratsfähig. Ihr Vater hat für sie den Sohn eines reichen Gutsbesitzers als Ehemann ausgewählt. Sie mag feuerrot gefärbte Haare, gallische Kleider und einen jungen Griechen namens Asklepiades.

BEVOR DER HAHN KRÄHT

Aurora, die Göttin der Morgenröte, schlummert noch tief. Auch in Colonia Splendida rührt sich nichts. Bevor die Hähne die Leute lauthals aus dem Schlaf reißen, herrscht Ruhe. Sogar die Stadtwache macht ein pflicht-vergessenes Nickerchen. Doch halt! Steigt da nicht bereits Rauch von einem Küchenfeuer auf? In der Villa des neuen Bürgermeisters Flavius scheint der Tag bereits begonnen zu haben.

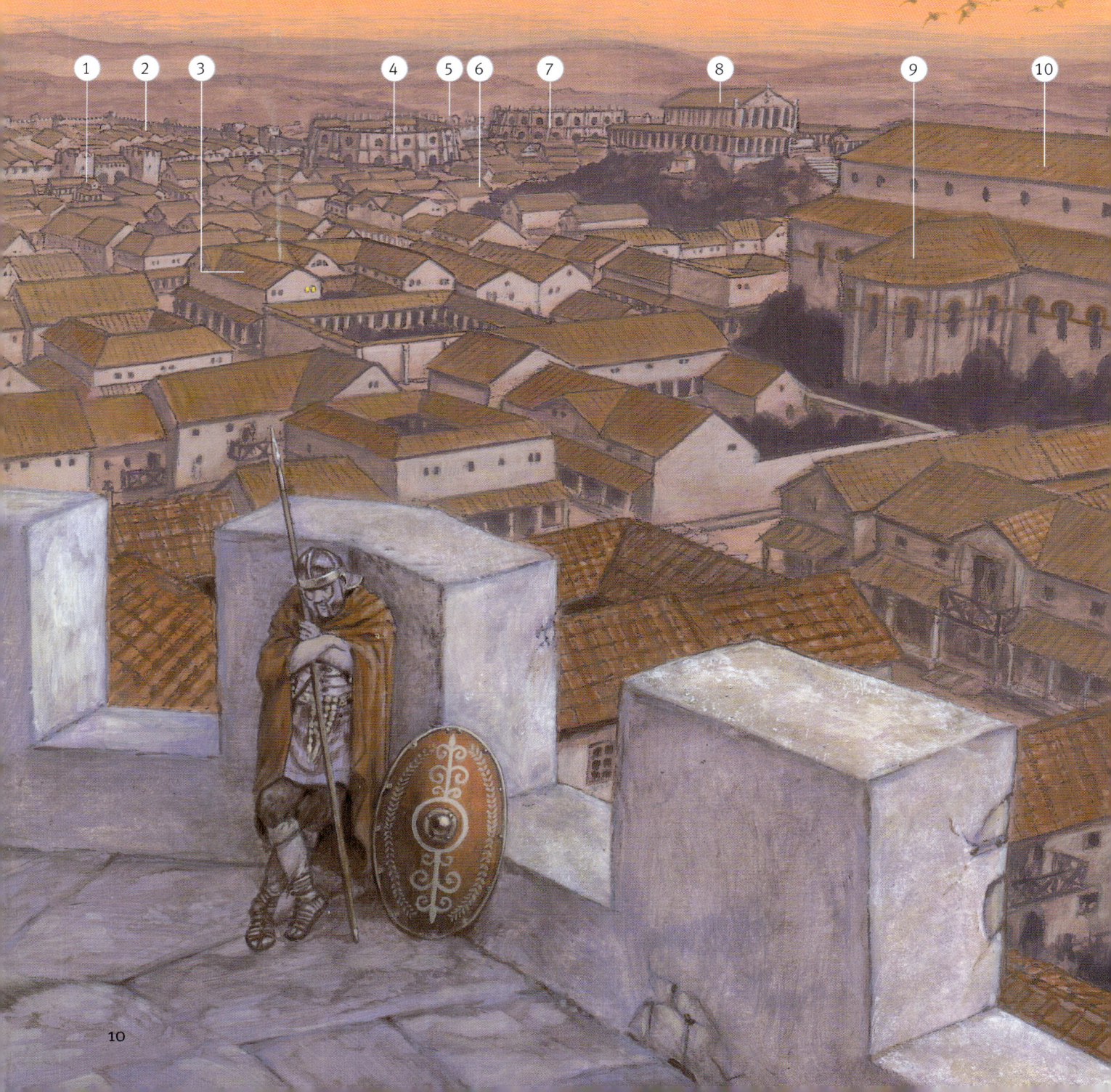

1 Gallo-römischer Tempel (Hier wurde den „alten" Göttern der einheimischen Bevölkerung geopfert.)

2 Legionärslager (Die Militärkasernen in der Provinz waren in der Regel sehr einfach eingerichtete Baracken mit mehreren Kochstellen, Schlafplätzen sowie Waffen- und Gerätekammern.)

3 Stadtvilla des Bürgermeisters mit Atrium (Lichthof) und Garten

4 Theater (In der halbkreisförmigen Anlage wurden Theaterstücke aufgeführt. Die meist männlichen Schauspieler trugen Masken.)

5 Mausoleen (Prunkvolle Grabmäler der reichen Bürger entlang der Straßen vor den Toren der Stadt.)

6 Haus des Arztes

7 Amphitheater (Ovale Anlage, in der Tierhetzen und Gladiatorenkämpfe stattfanden. Wagenrennen wurden nur in Rom und anderen großen Städten durchgeführt.)

8 Merkur-Tempel (Heiligtum für den in den Nordprovinzen meist verehrten Gott. Nur die Priester durften den Tempel betreten.)

9 Curia (Versammlungsort des Stadtrates)

10 Basilika

11 Thermen (Badeanlagen, siehe auch Seite 24–27)

12 Markt (Der Platz ist mit gedeckten Wandelgängen gesäumt, den Portiken. Siehe auch Seite 20–23)

13 Forum (Mittelpunkt der Stadt mit öffentlichen Gebäuden.)

14 Forumstempel (dem Kaiser von Rom geweihtes Heiligtum)

15 Quartier der Handwerker

16 Insula (mehrgeschossiger Wohnblock mit Mietwohnungen, meistens ohne Küchen und Toiletten)

17 Stadtmauer mit Tor

18 Brücke

EIN AUFREGENDER TAG BEGINNT

Masso ist der jüngste Sklave des Hauses. Er konnte nicht mehr schlafen. Leise, ohne die anderen zu wecken, ist er im Dunkeln aufgestanden und in die Küche geschlichen. Obwohl das nicht zu seinen Pflichten gehört, heizt er den Kochherd ein. Heute ist eben alles ein wenig anders. Sein Herr feiert nämlich die Wahl zum *duumvirus*: Er ist nun einer der beiden Bürgermeister von Colonia Splendida. Tiberius Flavius hat seine Verwandten, seine besten Freunde und alle Vornehmen der Stadt eingeladen.

Masso ist froh, dass er im Haus des Flavius dienen darf. Anderen Sklaven ergeht es viel schlechter. Sie müssen hart arbeiten und werden sogar geschlagen. Sein Herr hat ihn vor drei Jahren auf dem Sklavenmarkt gekauft. Masso weiß nicht genau, wann er geboren wurde, er hat jedoch ungefähr dasselbe Alter wie Marius, der einzige Sohn des Hauses. Er ist Marius' Diener und Kamerad. Vielleicht sogar sein Freund.

Während Masso den Blasebalg betätigt, hört er den Hahn krähen. Der gefiederte Wecker kündigt die erste Stunde des Tages an. Bald darauf regt es sich in der Villa.

Die Stadtvilla des Tiberius Flavius Andecamulus befindet sich im Stadtviertel der reichen Bürger. Besonders stolz ist Flavius aufs Bad und die moderne Hypokaust-Heizung. Sie hat zwar ein paar tausend Sesterzen gekostet, aber sie ist ihr Geld wert. Das Hypokaustum funktioniert folgendermaßen: In einem von außen zugänglichen winzigen Raum wird mit Holz oder Holzkohle Hitze erzeugt, die durch eine Klappe in die hohlen Zwischenböden im Hausinnern strömt.

Die warme Luft kann durch hohle Ziegelmauern und Tonröhren auch in die oberen Räume geleitet und nach Bedarf reguliert werden (siehe Abbildung Seite 24/25). Hypokausten in Privathäusern sind ein seltener Luxus, genauso wie Bäder und Klos mit Wasserspülung.

Die Räume sind karg möbliert: Außer Betten, Liegesofas, wenigen Stühlen und kleinen Tischen gibt es lediglich ein paar Schränke und Truhen. Die Räume, in denen Gäste empfangen werden, sind mit Mosaiken und Wandmalereien dekoriert. Fenster sind selten und klein: Im Winter will man keine Wärme verlieren und im Sommer die Hitze nicht ins Haus lassen.

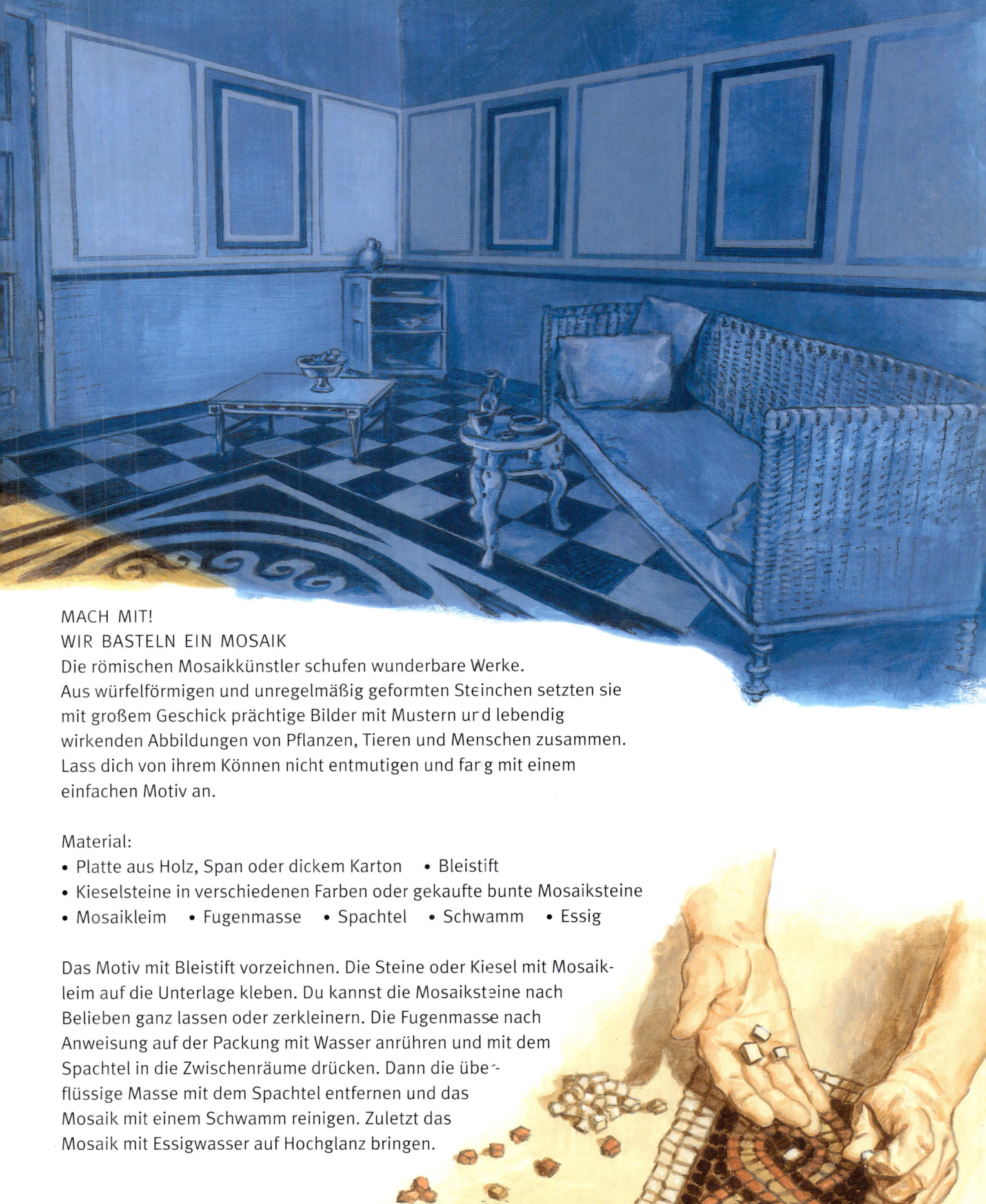

MACH MIT!
WIR BASTELN EIN MOSAIK

Die römischen Mosaikkünstler schufen wunderbare Werke.
Aus würfelförmigen und unregelmäßig geformten Steinchen setzten sie
mit großem Geschick prächtige Bilder mit Mustern und lebendig
wirkenden Abbildungen von Pflanzen, Tieren und Menschen zusammen.
Lass dich von ihrem Können nicht entmutigen und fang mit einem
einfachen Motiv an.

Material:
- Platte aus Holz, Span oder dickem Karton   • Bleistift
- Kieselsteine in verschiedenen Farben oder gekaufte bunte Mosaiksteine
- Mosaikleim   • Fugenmasse   • Spachtel   • Schwamm   • Essig

Das Motiv mit Bleistift vorzeichnen. Die Steine oder Kiesel mit Mosaik-
leim auf die Unterlage kleben. Du kannst die Mosaiksteine nach
Belieben ganz lassen oder zerkleinern. Die Fugenmasse nach
Anweisung auf der Packung mit Wasser anrühren und mit dem
Spachtel in die Zwischenräume drücken. Dann die über-
flüssige Masse mit dem Spachtel entfernen und das
Mosaik mit einem Schwamm reinigen. Zuletzt das
Mosaik mit Essigwasser auf Hochglanz bringen.

WENN ARCHÄOLOGEN IN DIE LUFT GEHEN

Meist wühlen und kratzen Archäologen im Boden. Die Frauen und Männer, die die Vergangenheit der Menschheit erforschen, suchen in Erde und Sand nach Spuren: alte Scherben, Schmuck, Textilien, Knochen, Waffen, Bau- und Kunstdenkmäler, die die Urzeitmenschen, die alten Ägypter, Griechen, Etrusker, Römer, Christen, Chinesen usw. hinterlassen haben. Die Erforschung der griechischen und römischen Antike nennt sich übrigens »klassische Archäologie«.

Während früher vor allem wertvolle, schöne Gegenstände gesammelt und in Museen ausgestellt wurden, interessieren sich die Fachleute heute auch für unscheinbare Überreste wie Getreidekörner oder sogar den Kot von Menschen und Tieren. Die Archäologie ist keine neue Wissenschaft, bereits die Griechen und Römer studierten die Hinterlassenschaft älterer Kulturen. Wenn römische Feldherren ihre Paläste mit alten Kunstwerken schmückten, die sie bei ihren Eroberungszügen geraubt hatten, betrieben sie allerdings keine Forschung.

Zahlreiche wichtige Funde wurden rein zufällig gemacht, oft von Kindern beim Spielen. Häu-

figer stößt man jedoch bei Bauarbeiten auf alte Gegenstände oder Ruinen. Dann beginnt ein Wettrennen gegen die Uhr. Notgrabungen dürfen nicht lang dauern, denn die Archäologen haben ständig die Bauherren im Nacken, die mit ihren Bauarbeiten fortfahren wollen. Außer dem Zufall spielen aber auch Wissen, Spürsinn und moderne Technik eine wichtige Rolle.

Eine spannende Methode ist die Suche mit Hilfe der Luftbildprospektion*. Aus der Vogelperspektive ist es möglich, Bauwerke unter der Erdoberfläche zu erkennen. Mauerreste römischer Gutshöfe, alte Straßen, Gräben, Befestigungsanlagen oder Grabhügel zeichnen sich

im Sommer in Getreidefeldern ab, bei extremer Trockenheit auch in Wiesen und Äckern. Dieses »Wunder« ist erklärbar. Über Mauern ist die Erdschicht dünner und trockener, sodass die Halme kürzer bleiben: Sie bilden eine Rinne. Über tiefen und feuchten Gräben hingegen schießen die Pflanzen höher und bilden einen Buckel.

Am besten sind die Formen zu erkennen, wenn sie bei schrägem Lichteinfall fotografiert werden, denn dann zeichnen sich die Schatten deutlich ab. Anschließend können die Aufnahmen durch spezielle Computerprogramme entzerrt und auf topographische Karten übertragen werden.

* PROSPEKTION KOMMT VOM LATEINISCHEN PROSPICERE = AUSSCHAUEN, SICH NACH ETWAS UMSEHEN.

ehemaliger Graben   römische Fundamentreste

Rekonstruktion eines römischen Steinkastells (kleines Bild).
Aus der Luft kann man noch heute erkennen, wo die Mauern
in römischer Zeit verliefen (großes Bild).

15

IM REICH DER MATRONA

Die Vorbereitungen für das große Gastmahl haben schon vor einigen Tagen begonnen. Die Hausherrin weiß kaum mehr, wo ihr der Kopf steht. Die Schnecken und Haselmäuse wurden gut gemästet, die Würste gekocht und geräuchert. Flamingos und Papageien waren hier in der Provinz schwer erhältlich, doch Cornelia kann diesem exotischen Firlefanz sowieso nichts abgewinnen. Das Liquamen stammt vom besten Lieferanten in Rom und riecht herrlich nach Fisch.

Nun fehlen nur noch die Salate, Kräuter und Blumen – und natürlich die Austern, die heute frisch aus Gallien auf den Markt kommen. Um diese Jahreszeit gibt es im Garten noch kaum etwas zu ernten. Salate und Gemüse stammen aus dem Süden und sind entsprechend teuer. Als Cornelia an die Kosten für das Gelage denkt, seufzt sie leise. Doch den Gästen soll es an nichts mangeln. Ihr Gemahl ist kein Geizkragen, wenns um die Tafelfreuden geht.

KÜCHENLATEIN

Apicius: Berühmter Kochbuchautor und Schlemmer aus dem 1. Jh. v. Chr. Weil er selten Mengenangaben machte und viele Gewürze und Zutaten verwendete, die heute nicht mehr erhältlich sind, sind seine Rezepte schwierig nachzukochen.

Cena: Hauptmahlzeit, die am frühen Nachmittag eingenommen wurde. Bei den reichen Bürgern bildete sie das Ende des Arbeitstags und dauerte manchmal stundenlang. Die *cena* bestand in der Regel aus drei Gängen. Ein Dankesgebet an die Laren (Hausgötter) gehörte dazu. Stattdessen war das Frühstück und das späte Abendessen der Römer normalerweise eher karg. Man aß – oft im Stehen – in Öl getunktes Brot, Knoblauch, eine Frucht oder Gemüse.

Defrutum: eingedickter Trauben- oder Apfelmost. Wurde als Würze für süße und salzige Speisen verwendet.

Liquamen: Soße aus vergorenem Fisch (vor allem Eingeweide). Die Römer liebten sie als Universalgewürz und gossen die intensiv riechende Brühe über Fleisch, Fisch, Gemüse, Eier und Obst. Oft wurde *liquamen* auch *garum* genannt.

Panem et circenses: »Brot und Spiele« haben das römische Volk bei Laune gehalten. Seit 123 v. Chr. erhielten die armen Leute kostenlos Brot oder Mehl. Im Jahre 49 n. Chr. ernährten sich ungefähr 360 000 Römer von gespendetem Brot.

Panis: Brot. Die Römer waren auf ihre vielen Brotsorten stolz. Es gab spezielle Brote für Soldaten, Bürger, Sklaven, Seefahrer, Kranke und fürs einfache Volk.

Pauperis cena: »das Essen der Armen«. Es war viel einfacher als die Speisen der Reichen. Meist gab es Brot, Getreidebrei, Käse, Hülsenfrüchte, Kohl, Rettich, Zwiebeln und Knoblauch. Fleisch und Fisch kamen selten auf den Tisch. Trotzdem würde uns diese Kost vermutlich besser schme-

Heute müssen alle anpacken, sogar die Kinder und der Hauslehrer. Wenn sie die zwei tüchtigen Sklavinnen ihrer Freundin Julia nicht hätte! Beide sind geübte Köchinnen, die sich nicht so rasch aus der Ruhe bringen lassen und auch ohne die Anweisungen der *matrona* zurechtkommen. Denn jetzt muss sie noch schnell zum Markt gehen, sonst sind die frischesten und fettesten Austern verkauft.

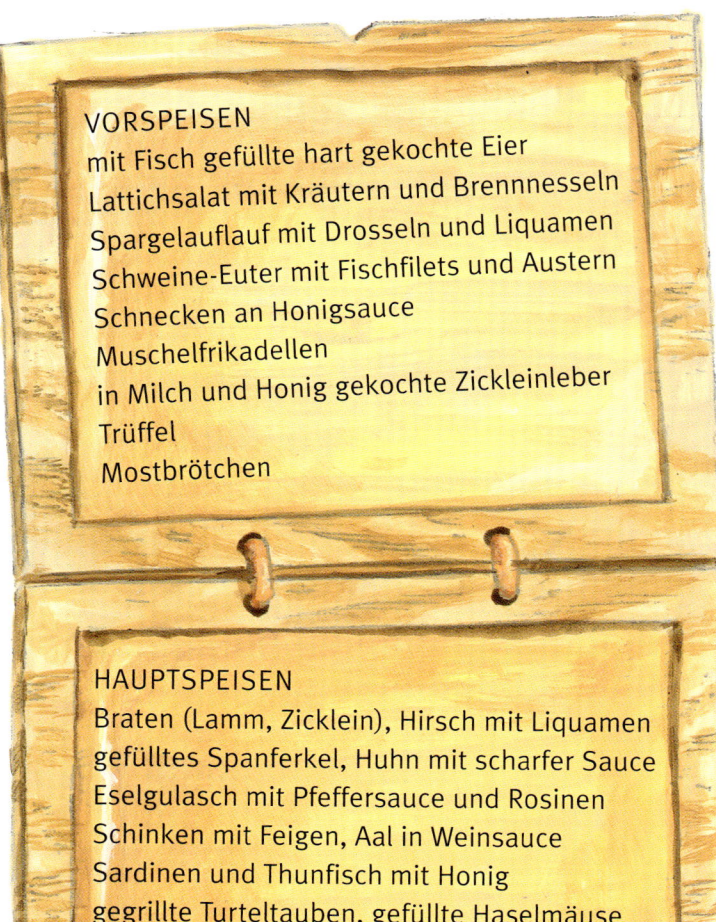

VORSPEISEN
mit Fisch gefüllte hart gekochte Eier
Lattichsalat mit Kräutern und Brennnesseln
Spargelauflauf mit Drosseln und Liquamen
Schweine-Euter mit Fischfilets und Austern
Schnecken an Honigsauce
Muschelfrikadellen
in Milch und Honig gekochte Zickleinleber
Trüffel
Mostbrötchen

HAUPTSPEISEN
Braten (Lamm, Zicklein), Hirsch mit Liquamen
gefülltes Spanferkel, Huhn mit scharfer Sauce
Eselgulasch mit Pfeffersauce und Rosinen
Schinken mit Feigen, Aal in Weinsauce
Sardinen und Thunfisch mit Honig
gegrillte Turteltauben, gefüllte Haselmäuse
Kranich mit Oliven und Traubensirup
geschmorter Hase mit Datteln und Pflaumen

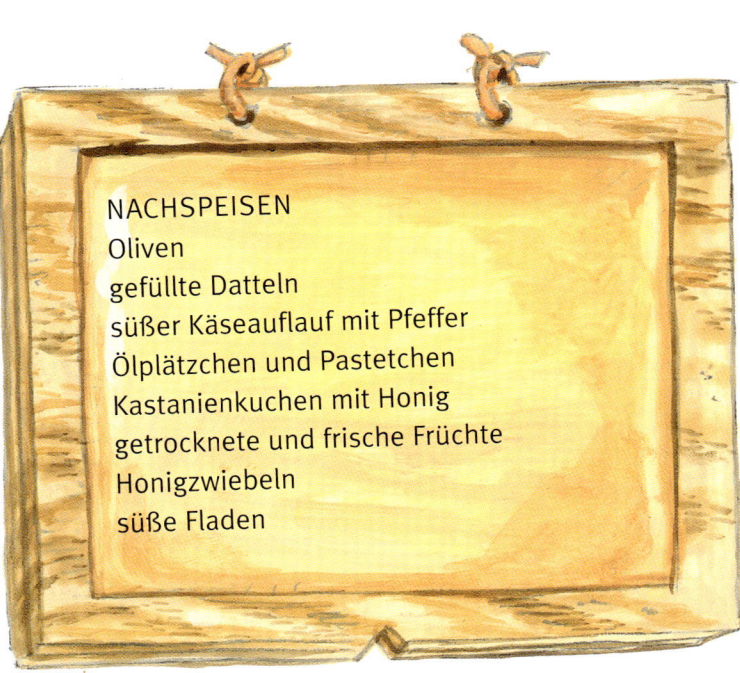

NACHSPEISEN
Oliven
gefüllte Datteln
süßer Käseauflauf mit Pfeffer
Ölplätzchen und Pastetchen
Kastanienkuchen mit Honig
getrocknete und frische Früchte
Honigzwiebeln
süße Fladen

TREFFPUNKT THERMEN

Während die Vorbereitungen für das Gastmahl voll im Gange sind, trifft sich Tiberius Flavius Andecamulus mit dem zweiten Bürgermeister und einem älteren Senator in den Thermen. Hier können Geschäfte auf angenehme Art und Weise besprochen werden. Die Männer sitzen schwitzend im Heißraum. Vor zwei Wochen hat es im Viertel hinter dem Markt gebrannt. Drei *insulae*, große Mehrfamilienhäuser, sind zerstört worden, die Bewohner sind zu Verwandten gezogen oder vorübergehend im Theater untergebracht worden. Ihr Wiederaufbau muss sofort in Angriff genommen werden. Die Bauleitung soll der Architekt Severus übernehmen.

Die Römer nahmen einen Körperschaber *(strigilis)* und Öl in Fläschchen mit ins Bad, denn sie kannten keine Seife.

»Er verlangt zwar saftige Honorare, aber er ist der beste weit und breit. Letztes Jahr hat er für den Kaiser in Rom gebaut.« Tiberius Flavius wischt sich den Schweiß von der Stirn. »Mit eurem Einverständnis habe ich bei ihm außerdem Pläne für ein neues Thermalbad bestellt. Das alte ist zu klein geworden und entspricht nicht mehr den heutigen Ansprüchen. Das Volk verlangt mehr Luxus, sonst wird es unzufrieden.«

Der Senator schüttelt den Kopf: »Die jungen Leute sind zu verwöhnt. Heutzutage scheint man ohne Schwimmbäder, Bibliothek und teure Mosaiken nicht mehr leben zu können. Wichtig ist, dass das Wasser sauber und heilkräftig ist und die Heizungsanlage funktioniert.«

»Ich bin deiner Meinung. Aber die Hypokaustenheizung ist in schlechtem Zustand und muss dringend überholt werden«, unterbricht ihn der zweite Bürgermeister. »Deshalb muss der Boden auf jeden Fall aufgerissen werden. Flavius hat Recht. Eine römische Stadt wird an ihren Thermen und Tempeln gemessen. Vielleicht ist es jedoch gescheiter, ein zweites Thermalbad zu errichten. Dann könnten wir auch komfortablere Räume für die Frauen einrichten.«

»Wenn wir schon beim Thema sind«, meint der Älteste, »seit wann hat deine Tochter Flavia ein Techtelmechtel mit dem Sohn des neuen Medicus aus Griechenland? Ich habe die beiden neulich unten am Fluss getroffen, Hand in Hand!«
»Bist du sicher? Ihr wisst, dass sie Rusticus, dem Sohn des Gutsbesitzers, versprochen ist. Und dabei bleibt es auch.« Flavius nimmt sich vor, mit seiner Tochter so bald wie möglich ein ernsthaftes Wort zu sprechen. Heute nicht. Heute will er sich die gute Laune nicht verderben lassen.

Heizofen

Heißluft

Hohlziegel

Heißluft

cken als die meisten seltsam gewürzten Gerichte der Reichen. Die Sklaven mussten sich allerdings oft mit wirklich schlechter und kärglicher Nahrung begnügen.

Puls: Getreidebrei, bis ins 2. Jh. v. Chr. das Grundnahrungsmittel der Römer. Er wurde vom Brot verdrängt. Spaghetti und Tomaten kannten die Römer noch nicht. Aber die mit Käse belegten Fladenbrote waren die Vorläufer der Pizza.

Thermopolium: Schenke, wo in großen Tontöpfen Suppe und Eintöpfe sowie heiße und kalte Getränke angeboten wurden. Die meisten Stadtbewohner besaßen keine eigene Feuerstelle zum Kochen und waren auf diese Garküchen angewiesen, wenn sie etwas Warmes essen wollten.

»De gustibus non est disputandum – Über Geschmack lässt sich nicht streiten«, meinten die Römer höflich, wenn sie die Esssitten anderer Völker kennen lernten. Dieses geflügelte Wort gilt auch für die römische Küche.

MACH MIT!
RÖMISCHE GEWÜRZBRÖTCHEN

Du brauchst:
- 200 g Weizen-Vollkornmehl • 200 g Roggen-Vollkornmehl
- 100 g Gersten-Vollkornmehl • $^1/_2$ Würfel Frischhefe (etwa 20 g)
- etwa 50 g Roggen-Vollkornschrot • 3 Teelöffel Anissamen
- 1 Teelöffel Salz • 3 dl lauwarmer Traubensaft (weißer oder roter)
- 1 Teelöffel Kreuzkümmelsamen • 3 Esslöffel Olivenöl
- 50 g Frischkäse (am besten weicher Schaf- oder Ziegenkäse)
- etwa 20 Lorbeerblätter

Bei den Römern hießen diese Brötchen *mustacei* und waren sehr beliebt.

Nimm eine große Schüssel. Vermische darin die drei Mehlsorten, das Salz, die Anis- und Kümmelsamen. Bröckle die Hefe darunter. Rühre dann 2 Esslöffel Olivenöl und den Traubensaft darunter. Knete die Masse kräftig und stelle sie eine halbe Stunde beiseite. Anschließend mischst du den Frischkäse darunter.
Pinsle ein Backblech und die Lorbeerblätter mit Olivenöl ein. Verteile die Lorbeerblätter auf dem Blech. Forme mit feuchten Händen zwölf mandarinengroße Teigkugeln und setze sie aufs vorbereitete Backblech. Streue den Roggenschrot darüber. Heiz den Backofen auf 180 Grad auf und lass die Brötchen 30 Minuten backen. Abkühlen lassen und – *bene comede!* (Guten Appetit!)

Tipp: Was tun mit der restlichen Hefe? Benutze sie für eine Schönheitsmaske (siehe Seite 35).

Mit so einer Handmühle mahlten römische Legionäre ihr Mehl.

BADESPASS FÜR ALLE

Die wenigsten Leute hatten zu Hause ein eigenes Bad. Jung und Alt, Arm und Reich ging zur Körperpflege in die öffentlichen Thermen. Die Eintrittsgebühr für Erwachsene war niedrig, Kinder bezahlten gar nichts. Frauen und Männer badeten oft getrennt. Man zog sich aus und nahm Handtuch, Körperschaber, Ohrlöffel, Kamm und Ölfläschchen mit.

Normalerweise stieg man zuerst ins lauwarme Bad. Anschließend ließ man sich von einer Sklavin oder einem Sklaven einölen, den Schmutz von den Gliedern schaben und massieren. Falls nötig, entfernte der Haarausrupfer die Körperhaare bei Männern und Frauen. Dann begab man sich in den wärmsten Baderaum, wo es meist auch ein Schwitzbad gab. Entweder ging's zuerst zurück ins lauwarme Bad oder direkt ins Kaltbad.

Die Thermen dienten aber nicht nur der Körperpflege, sie waren auch ein Fitnesszentrum, wo sich Leute trafen, Ball spielten, Gymnastik trieben und eine Kleinigkeit aßen. In größeren Anlagen gab es sogar Ärzte und eine Bibliothek.

Hölzerne Badelatschen konnte man in der Therme ausleihen.

KALTES UND WARMES WASSER AUS DER RÖHRE

Die Römer ließen sich Sauberkeit und Gesundheit eine Menge kosten. In jeder größeren Stadt gab es Thermen und kleinere Bäder, zahlreiche Brunnen, Zisternen (unterirdische, gemauerte Regenwasserspeicher), öffentliche Waschhäuser und Toiletten mit fließender Wasserspülung. Der Wasserverbrauch war enorm hoch. Ende des 1. Jh. n. Chr. standen in Rom pro Kopf täglich etwa 900 Liter Wasser zur Verfügung. Das ist ungefähr sechsmal mehr, als heute in Deutschland verbraucht wird.

Das Wasser wurde in Quellen, Bächen und Seen gefasst und mitunter über Hunderte von Kilometern in die Siedlungen befördert. Das Leitungssystem bestand aus einem Netz von gewaltigen Aquädukten (Wasserleitungen in Gestalt von Brücken mit Rinnen), Kanälen, Tunneln und Abflussrohren.

Das älteste Aquädukt ist die 16,5 km lange Aqua Appia aus dem Jahr 312 v. Chr. bei Rom. Das mit 49 Metern höchste und schönste Brücken-Aquädukt der Antike befindet sich im Süden Frankreichs: Der Pont du Gard ist der imposanteste Teil einer Leitung, durch die täglich 20 000 Kubikmeter Wasser von der Quelle bei Uzès nach Nîmes floss.

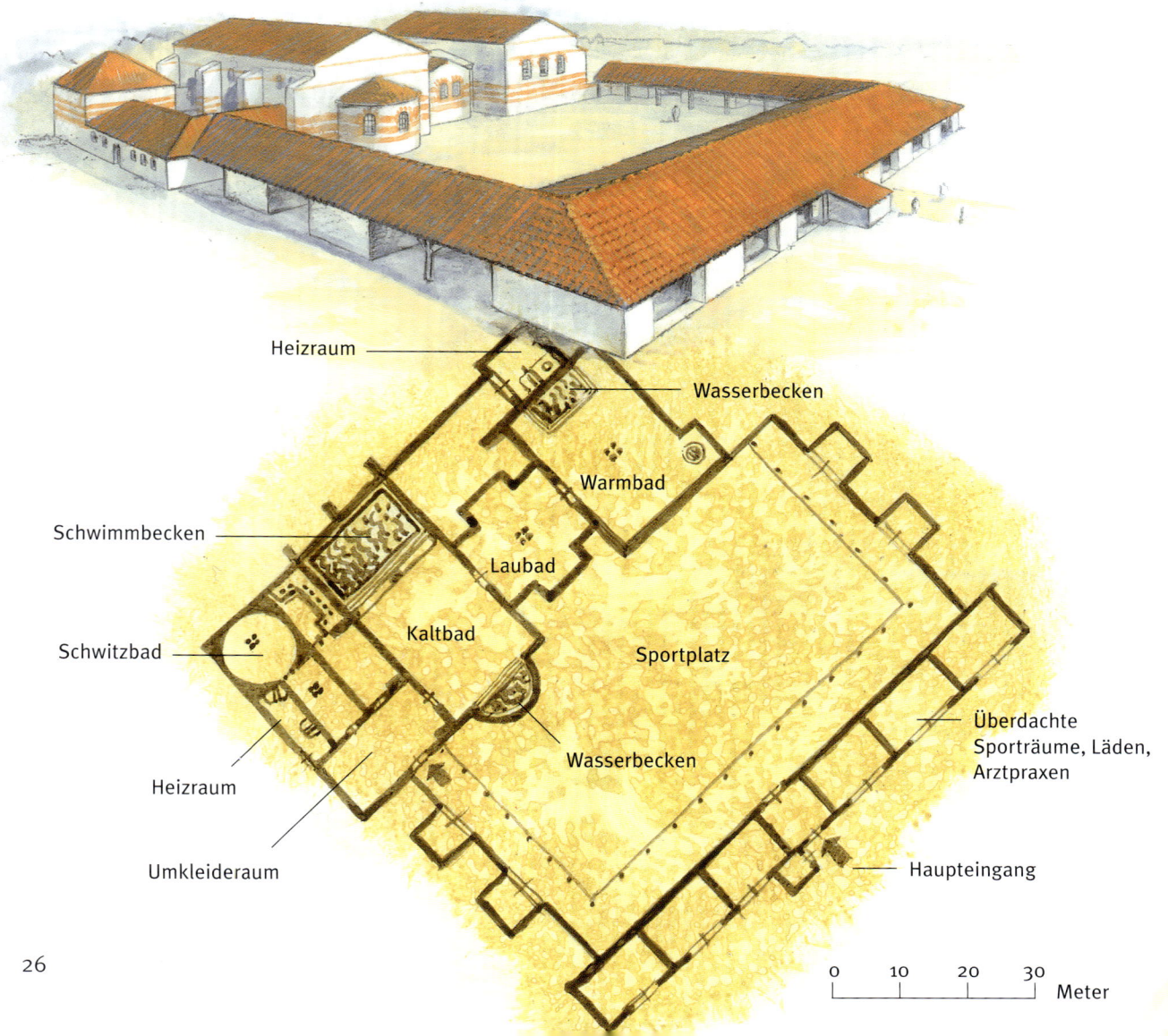

Heizraum

Wasserbecken

Warmbad

Schwimmbecken

Laubad

Kaltbad

Sportplatz

Schwitzbad

Wasserbecken

Überdachte Sporträume, Läden, Arztpraxen

Heizraum

Umkleideraum

Haupteingang

0   10   20   30
Meter

Die römischen Ingenieure konnten das mittlere Gefälle von 34 Zentimetern pro Kilometer exakt berechnen. Das Wunderwerk römischer Bautechnik wurde um 20 v. Chr. in zwei bis drei Jahren von etwa tausend Arbeitern errichtet. Es funktionierte rund vierhundert Jahre lang. Dann wurde es nicht mehr unterhalten und verfiel.

Die Römer haben die Kunst, größere Siedlungen mit Wasser zu versorgen, nicht erfunden, aber immer wieder verbessert. Schon 4000 v. Chr. war die Wasserbautechnik in Mesopotamien und Ägypten auf einem hohen Stand. Griechen und Römer übernahmen und verfeinerten diese Systeme.

Dank massiven Hochdruckleitungen gelang es, die Wassermassen zu Siedlungen auf Hügeln zu befördern.

In den römischen Städten sorgte ein dichtes Netz von Röhren, die häufig aus Blei bestanden, für die Feinverteilung. Blei war bei den Römern ein beliebtes Metall, das sie auch zur Herstellung von Kochtöpfen und Weinkrügen verwendeten. Für die Vergiftungen, an denen viele Römer erkrankten und sogar starben, war jedoch nicht das Trinkwasser verantwortlich. Ungesund war vor allem die Mode, Wein in Bleigefäßen zu kochen oder Bleisalze zur Konservierung in den Wein zu geben. Damals kannte man die schädliche Wirkung von Blei noch nicht.

Wo heiße Quellen aus dem Boden sprudelten, bauten die Römer Heilbäder. Warmes bis heißes Wasser für die Bäder wurde durch die Unterbodenheizung erzeugt (siehe auch Seite 12). In den Heißräumen der Thermen mussten die Böden auf etwa 55 bis 57 Grad erhitzt werden um eine Wassertemperatur von 50 Grad zu erreichen. Holzpantinen schützten die Füße vor Verbrennungen.

Das Abwasser wurde über spezielle Kanäle, die Kloaken, in die Flüsse und Seen oder ins Meer entsorgt.

NICHT FÜR DIE SCHULE LERNEN WIR …*

Der Hauslehrer hat sich nicht erweichen lassen: Eine Stunde Unterricht muss auch heute sein! Feierlich trägt er aus der »Aeneis« des Dichters Vergil vor. Doch die Geschichte Roms fesselt seine Schüler heute nicht. Marius' Freunde amüsieren sich draußen beim Spielen, während er sich Verse aus alter Zeit anhören muss. Und Flavia denkt sehnsüchtig an ihren Asklepiades und die verschlüsselte Botschaft, die er ihr auf dem Marktplatz zugesteckt hat.

Stilus

* … SONDERN FÜR DAS LEBEN. DIESER WEISE SPRUCH IST EINE GLATTE FÄLSCHUNG! DER RÖMISCHE PHILOSOPH SENECA (4–65 N.CHR.), DER FÜR LEHRER NICHT VIEL ÜBRIG HATTE, SAGTE GENAU DAS GEGENTEIL: »NICHT FÜR DAS LEBEN, SONDERN FÜR DIE SCHULE LERNEN WIR« – NON VITAE, SED SCHOLAE DISCIMUS.

XLIEQ BSTXE

QWENXN DEIQ NVAXTER XDICQH
XZWIQN XGT QDEN XSCHQREC
XKLICXHENQ QRUSXTI XCUS QZU
HYEIRQATEXN XFLIXEHEQN QWIRX
QNACXH ROXM VENXUS YUNDQ FORX
QTUNXA WEQRDEX NUNXS
QBESXCHÜXTZEQN XDEIQN QA

MACH MIT!
GEHEIMBOTSCHAFT
Kannst Du diese Botschaft an Flavia entschlüsseln?

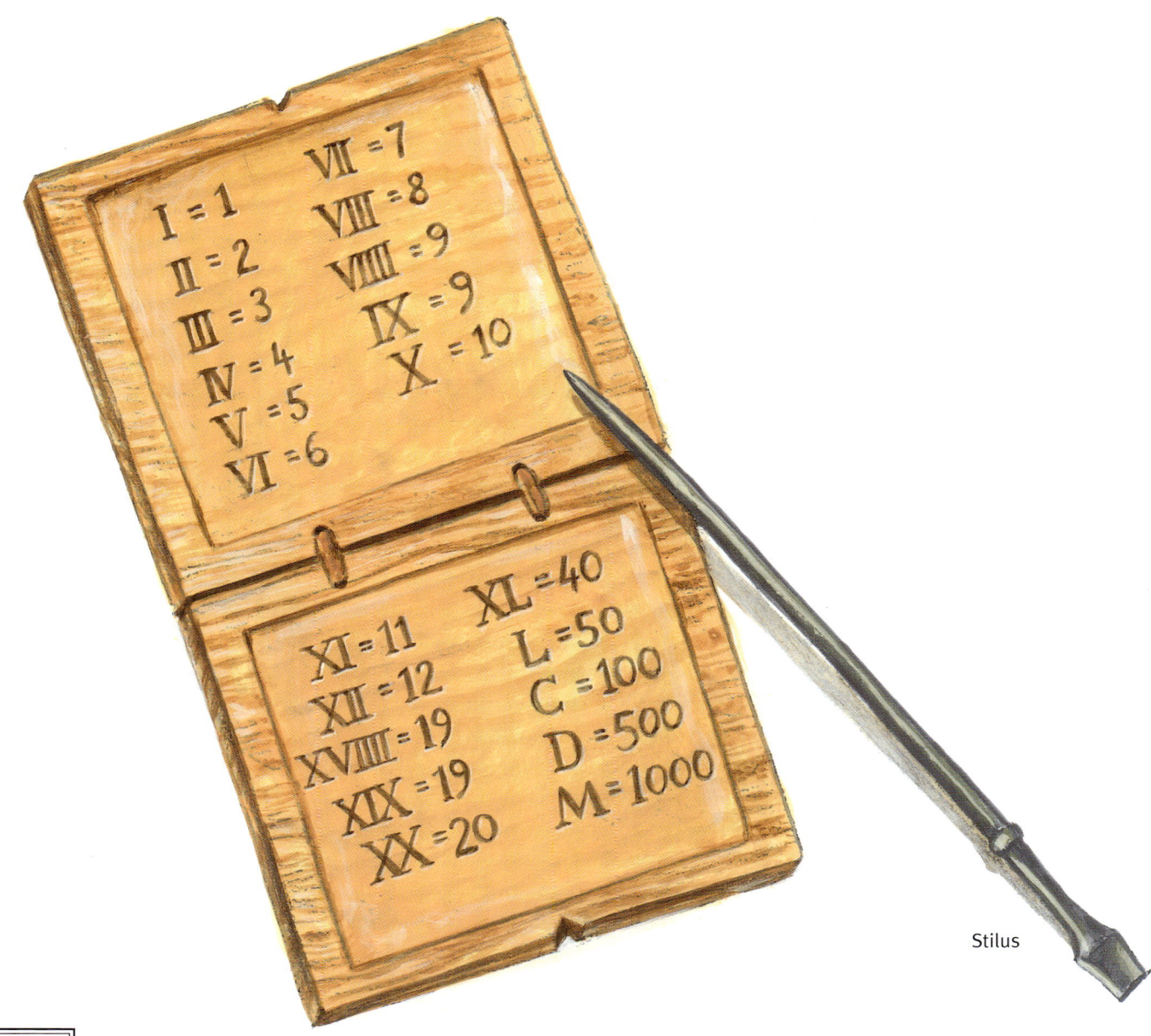

I = 1   VII = 7
II = 2   VIII = 8
III = 3   VIIII = 9
IV = 4   IX = 9
V = 5   X = 10
VI = 6

XI = 11   XL = 40
XII = 12   L = 50
XVIIII = 19   C = 100
XIX = 19   D = 500
XX = 20   M = 1000

Stilus

LATEIN ET CETERA

Zur Zeit der Römer gab es keine Schulpflicht.

Meist wurden nur die Söhne der Oberschicht unterrichtet. Seltener durften Mädchen, Sklaven oder die Kinder von Handwerkern die Schule besuchen. Oft waren es gelehrte Sklaven, die den Kindern das Lesen und Schreiben von Latein und Griechisch beibrachten. Die Kenntnis der griechischen und lateinischen Literatur gehörte zur Allgemeinbildung. Die Schüler mussten die Texte häufig auswendig lernen, da die Vortragskunst, die Rezitation, angesehen war. Für die mathematischen Fächer interessierten sich die Römer weniger, auch Musik wurde nicht gelehrt. Dafür stand der Sport hoch im Kurs, nach dem Motto: *Mens sana in corpore sano* oder: In einem gesunden Körper wohnt ein gesunder Geist.

Die Grundschüler erhielten ein Täfelchen aus Holz oder Schiefer mit einem Holzrand, das mit Wachs beschichtet war. Mit dem spitzen Ende des *stilus*, einem Stäbchen aus Holz, Knochen oder Metall, ritzten sie die Buchstaben ein.

War das Täfelchen vollgeschrieben, strichen sie das Wachs mit dem flachen Ende des *stilus* wieder glatt. Für den Alltag verwendeten auch Erwachsene die praktischen Wachstafeln, während wichtigere und längere Texte auf Papyrus oder Pergament geschrieben wurden. Die römischen »Bücher« hatten die Form von Rollen und wurden in zylindrischen Behältern aufbewahrt. Erst gegen Ende des 3. Jahrhunderts n. Chr. kamen Bücher in der heutigen Form auf.

Der Unterricht begann im siebten Lebensjahr. In der Regel endete er für die Mädchen mit zwölf, dreizehn Jahren, wenn sie ins heiratsfähige Alter kamen. Sie wurden dann in die Hauswirtschaft eingeweiht. Je nach Stand und Intelligenz war die Ausbildung der Knaben unterschiedlich lang. Mit siebzehn Jahren begann die höhere Ausbildung in Rhetorik (Redekunst), Philosophie, Rechtskunde, Medizin, Architektur oder Vermessungskunde.

MIT SKALPELL, HEILKRÄUTERN UND MAGIE

In der Praxis des griechischen Arztes duftet es nach frischen und getrockneten Kräutern, parfümierten Ölen, Salben und Pülverchen. Asklepiades zerreibt und mischt die Zutaten für eine Augensalbe, während Heliodoros seine Chirurgenmesser wetzt.

»Saubere und scharfe Skalpelle sind das Alpha und Omega eines Arztes, mein Sohn. Gewiss, es braucht Mut, einem Kranken ein Bein zu amputieren. Aber wenn deine Skalpelle nichts taugen, hilft dir auch diese Tugend nicht. Nachlässigkeit darf sich keiner leisten, der sich die Heilkunde zum Beruf erwählt hat. Deine Patienten sollen nicht durch deine Schuld ins Grab kommen, sondern gesund werden. Ob du Männer, Frauen oder Kinder behandelst, vergiss nicht, dass der Mensch nicht nur einen Körper, sondern auch eine Seele besitzt. Wir können mit magischen Sprüchen und teuren Heilkräutern heilen. Wie soll mans erklären? Hauptsache, der Patient ist wieder gesund.« Der Junge seufzt und arbeitet weiter.

»Als Militärarzt hatte ich mehrmals Gelegenheit im Krieg Gefallene zu sezieren. Dabei habe ich die Anatomie des Menschen kennen gelernt. Glaub mir, mein Sohn, es gibt nur ein Organ, das nicht erkranken kann: das Herz.«
»Verzeih, dass ich dir widerspreche, o Vater. Aber das Herz kann sogar todkrank werden. Ich bin mir da ganz sicher.« Asklepiades seufzt nochmals. »Mein Vater, kennst du keinen Zauberspruch, der einen reichen Mann von der Geldgier kuriert?« Dann klagt er ihm sein Liebesleid.
Doch Heliodoros weiß auch keinen Rat. Er ist bei Flavias Vater, dem neuen Bürgermeister, nicht gut angeschrieben. »Es ist mir zu Ohren gekommen, dass er von meiner Heilkunst nichts hält. Er soll mich in aller Öffentlichkeit als Quacksalber und Scharlatan bezeichnet haben. Dabei kennen wir uns nicht einmal.«
Eine Weile ist nur das Stampfen des Mörsers und das Schleifen der Messerklingen zu hören.
Plötzlich stürzt ein junger Mann in die Praxis. Er sei Decimus, der Töpfer, und seine Frau bringe ein Kind zur Welt. »Es gibt jedoch Schwie-

rigkeiten. Die Hebamme ist mit ihrem Latein am Ende. Sie bittet dich, Heliodoros, dringend um Hilfe. Es geht um Tod oder Leben!«

Der Arzt zögert. Seine eigene Frau kommt ihm in den Sinn. Er hatte damals alles versucht, aber Livia starb trotzdem an der Geburt ihres Sohnes.

»Vater, du musst versuchen die Frau zu retten!« ruft Asklepiades aufgeregt.

Da gibt Heliodorus seinem Herzen einen Stoß und packt seine Instrumente ein.

Die Männer eilen ins Handwerkerviertel am Stadtrand, wo sich die Gerber, Töpfer und Schmiede angesiedelt haben.

Äskulap sei Dank, diesmal geht alles gut. Die Mutter ist zwar erschöpft, aber wohlauf.

Trotz der Aufregung vergisst die Hebamme nicht, den Buben auf den Boden zu legen. Der Brauch will es so. Erst wenn das Baby vom Vater aufgehoben wird, ist das Kind wirklich in die Familie aufgenommen.

WENN LEICHEN SPRECHEN

Die Römer machten keine Aufzeichnungen über Geburten, Krankheiten und Lebensdauer der Bevölkerung. Dennoch wissen wir, dass die durchschnittliche Lebenserwartung damals nicht sehr hoch war. Viele Kinder starben schon bei ihrer Geburt oder kurz danach. Auch für die Mütter waren Schwangerschaft und Entbindung trotz des Beistands erfahrener Hebammen gefährlich. Dass der Tod von Babys keine Seltenheit war, zeigte sich bei den Ausgrabungen eines römischen Gutshofes in der Schweiz. Dort wurden 14 Skelette von Kindern gefunden, die höchstens zwei Monate alt waren: Man hatte sie in oder bei den Häusern begraben.

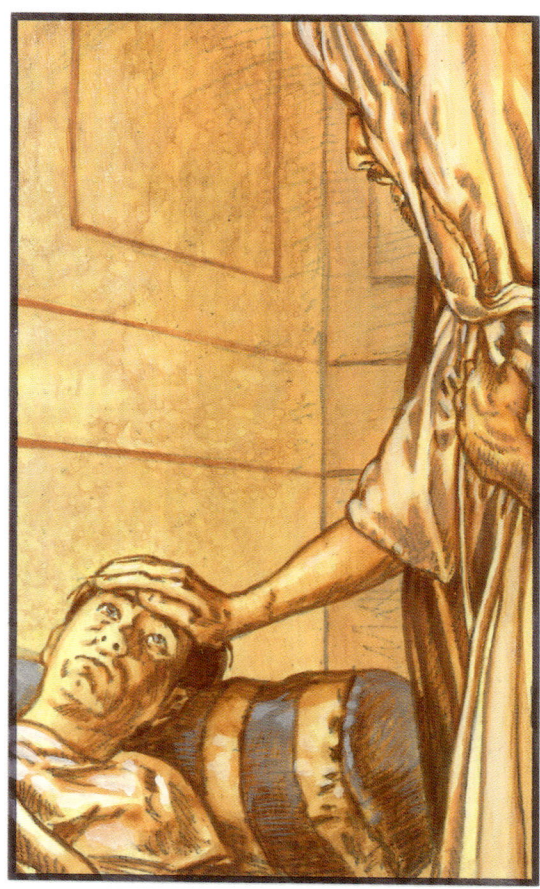

Hatten sie die Kinderkrankheiten überstanden, litten die Römer oft unter ähnlichen Beschwerden wie wir heute. Die überwürzten, salzigen Speisen und der viele Wein waren wohl nicht besonders gesund. Wer es sich leisten konnte, versuchte seine Zipperlein und Krankheiten mit Badekuren, Diäten und Arzneien zu heilen.

Hausmittel, Zaubersprüche, Opfer für die Götter, Wallfahrten zu heiligen Quellen waren ebenfalls beliebte »Heilmethoden«. Falls dies alles nicht half, rief man den Chirurgen. Archäologische Ausgrabungen haben Erstaunliches an den Tag ge-

Instrumente eines römischen Arztes:

Knochensäge

Lederdose mit
Verbandsmaterial

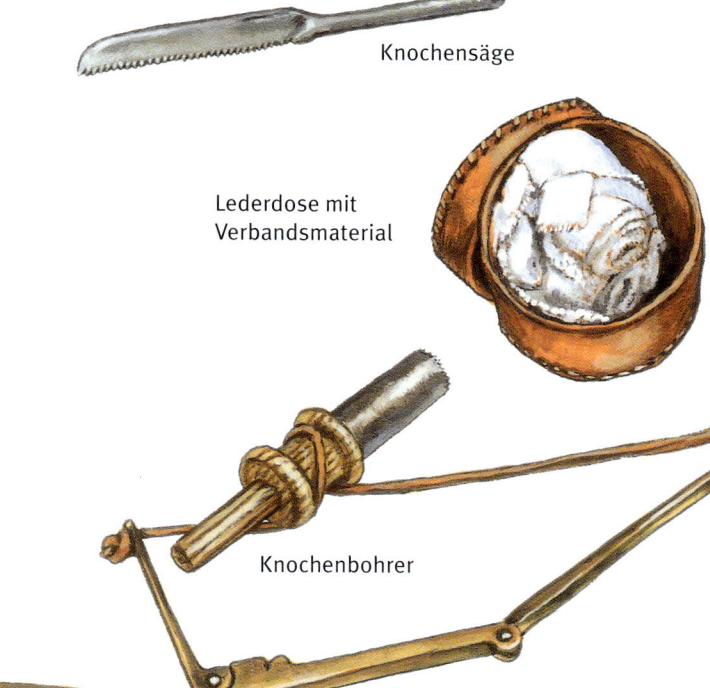

Knochenbohrer

MAGISCHE HAUSAPOTHEKE
Der Familienvater versuchte, harmlosere Krankheiten mit Zaubersprüchen wie den folgenden zu kurieren:

- MOTAS UAETA DARIES DARDARIES ASIADARIDES UNA TE PES
- HUAT HAUT HAUT ISTASIS TARSIS ARDANNABON

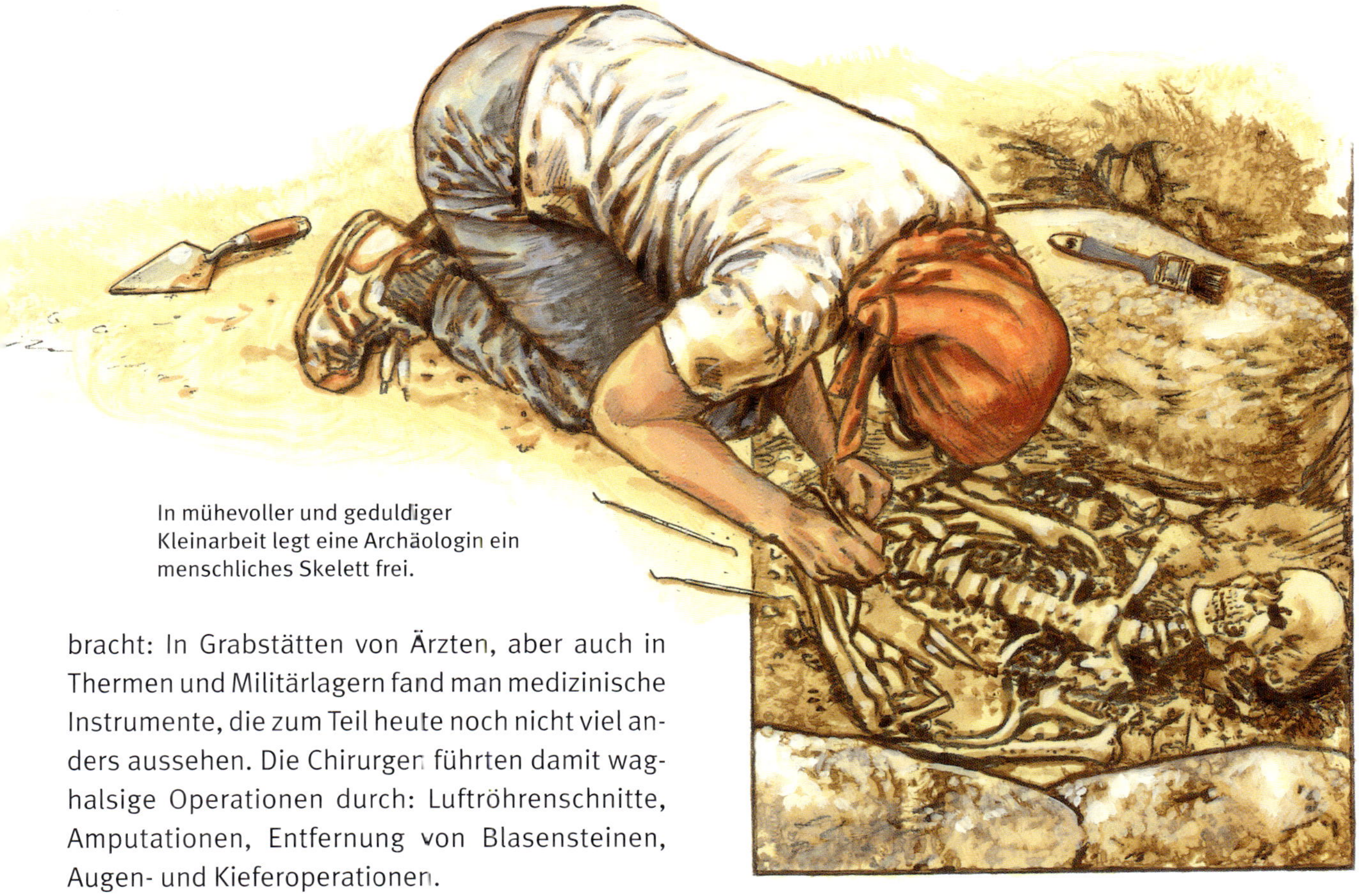

In mühevoller und geduldiger Kleinarbeit legt eine Archäologin ein menschliches Skelett frei.

bracht: In Grabstätten von Ärzten, aber auch in Thermen und Militärlagern fand man medizinische Instrumente, die zum Teil heute noch nicht viel anders aussehen. Die Chirurgen führten damit waghalsige Operationen durch: Luftröhrenschnitte, Amputationen, Entfernung von Blasensteinen, Augen- und Kieferoperationen.

Es wurde ein Instrument gefunden, das zum Entfernen von Pfeilspitzen diente. Ein fein gezähnter

Holzschatulle mit Operationsbesteck

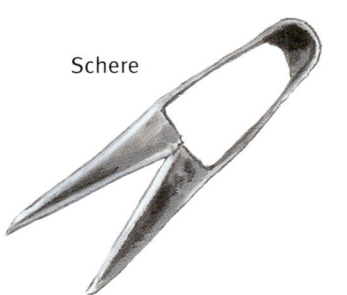

Schere

Messer

Knochenbohrer wurde in den Schädel getrieben um ein Blutgerinnsel oder eine Geschwulst zu entfernen. Dass viele Leute diesen Eingriff einige Jahre überlebten, beweisen Funde von Schädeldecken: Die Ränder der Öffnungen sind mit der Zeit verwachsen. Es gab übrigens auch Ärztinnen, die sich vorwiegend um Frauen kümmerten.

Skelette, Mumien, Moor- und Gletscherleichen verraten den Fachleuten eine Menge über ihre körperliche Verfassung zu Lebzeiten. Paläopathologie nennt sich die Wissenschaft, die die Krankheiten unserer Vorfahren erforscht. In Zähnen, Knochen, vertrockneter Haut und Haaren sind zahlreiche Informationen gespeichert. Sie können mit Hilfe modernster Untersuchungsmethoden wie ein Buch »gelesen« werden.

Es gab auch Römer, die uralt wurden. Ein Siebzigjähriger glaubte, dass sein letztes Stündlein bald schlagen werde, und ließ sich einen schönen Grabstein meißeln. Doch es dauerte noch 22 Jahre, bis der Mann dann wirklich starb!

GUTEN TAG, IHR SCHÖNEN!

In der Villa bereiten sich die Frauen aufs Gelage vor. Die Sklavin Gannica
hilft ihnen beim Ankleiden und Frisieren.

Tante Augusta hat Flavia eine Palla aus Rom mitgebracht.
»O Tante, sie ist wunderschön! Und passt genau zu meiner neuen Haarfarbe.«
»Wenn du bloß diese schreckliche Barbarenhose ausziehen würdest! Als Römerin kannst du doch nicht herumlaufen wie diese ungehobelten germanischen Burschen«, meint Cornelia, der auch die rot gefärbten Haare ihrer Tochter nicht gefallen: »Was werden die Leute sagen!«
»Das ist mir doch egal. Ich finde es einfach schick. Meine Freundinnen färben sich die Haare auch.«
Augusta lacht: »Sie hat Recht, Cornelia. Junge Mädchen dürfen ein wenig verrückt herumlaufen. Und außerdem: Mit *deiner* Frisur, liebe Schwägerin, könntest du dich in Rom nicht mehr zeigen!«
Augusta schwärmt von den neusten Trends: schneeweiß gepuderte Haut, ochsenblutrote Lippen, grüne Augenlider, blonde Perücken, hochhackige, mit Edelsteinen verzierte Schuhe.
»Das ist nichts für mich«, sagt Cornelia, »Flavius, mein Gatte, würde das nicht erlauben. In der Provinz sind die Sitten strenger.«
Als die junge Sklavin ihr die letzte Blüte ins Haar steckt, zeigt die Sonnenuhr die siebte Stunde an. Bald werden die Gäste eintreffen!

Die TUNIKA war ein Kleidungsstück, das von jedem getragen wurde.

langärmlige Tunika

PAENULLA oder PELLERINE – sehr praktisch bei Wind und Regen!

Peplos

PEPLOS – Dieses antike Kleid bestand einfach aus einem weiten Schlauch, der von Fibeln (Schulterspangen) zusammengehalten wurde.

PALLA – Das Umhangtuch der Frau konnte auch wie eine Kapuze über den Kopf gezogen werden. Außer Haus bedeckte jede verheiratete Frau ihr Haupt.

SAGUM – Dieses rechteckige Tuch wurde mit einer Fibel über der rechten Schulter geschlossen.

TOGA – Nur römische Bürger durften die Toga tragen. Sie wurde nur von hohen Würdenträgern zu festlichen Anlässen getragen.

MACH MIT!
POPPÄAS SCHÖNHEITSTIPPS

Poppäa Sabina war Kaiser Neros zweite und sehr eitle Gemahlin. Einige ihrer Schönheitsmittel eignen sich auch heute noch, andere nicht so sehr. Probier's doch mal aus!

Gesichtsmasken machen die Haut straff und strahlend. Mische Gerstenmehl mit gehackten Zwiebeln und Honig zu einem Brei. Du kannst auch die restliche Hefe aus dem Rezept von S. 19 dazugeben. Streich die Creme dick aufs Gesicht (aber nicht auf die Augen!). Etwa nach zwanzig Minuten entfernst du die Maske mit lauwarmem Wasser. Guck in den Spiegel: Toll, nicht?

Eselsmilch macht jung, das wusste schon Cleopatra. Auch Poppäa badete darin und führte auf Reisen immer ein paar Eselinnen mit.

Kreide oder Bleiweiß zu Pulver zerstampfen und gründlich mit Schweinefett vermischen. Ein Make-up, das vornehme Blässe spendet.

Rotes Haar bekommt man, wenn man es mit Henna färbt. Das Pflanzenpulver aus Ägypten wird mit Wasser zu einem Brei angerührt und aufs Haar verteilt.

Duftöl, das nach Weihnachten riecht, machst du so: Misch Olivenöl oder ein anderes Pflanzenöl mit Zimtpulver. Die Römer rieben sich von Kopf bis Fuß mit duftenden Ölen und Salben ein.

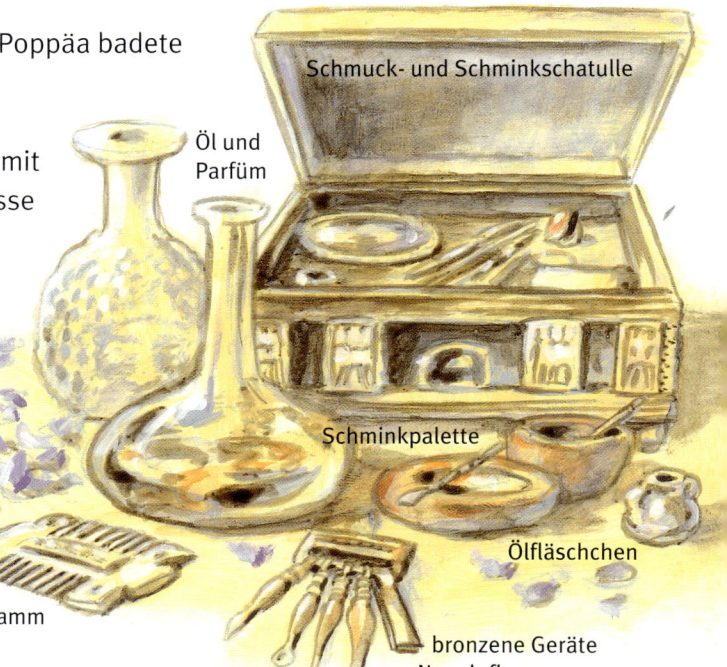

Schmuck- und Schminkschatulle

Öl und Parfüm

Schminkpalette

Ölfläschchen

Kamm

bronzene Geräte zur Nagelpflege

BROT UND ZIRKUSSPIELE

Marius ist glücklich. Er hat seinen Lieblingsonkel ganz für sich alleine. Caius Castricius Victor ist gestern aus Rom zurückgekehrt. Als Hauptmann in der Legion erlebt er viele Abenteuer und kann davon fesselnd erzählen! Wie immer hat er für seinen Neffen ein Geschenk mitgebracht: Diesmal eine kleine Tonfigur vom Wagenlenker Glaucus, dem Helden des Circus Maximus.

»Superbus! Hast du ihn gesehen? Wie viele Pferde hatte er? Erzähle, Onkel, bevor das Fest beginnt!« Caius lacht: »Nicht so stürmisch! Eins nach dem andern.«

Und er berichtet von den Tierhetzen, Hunderennen, von Ringern, Gladiatoren, den Hinrichtungen von Verbrechern und den spannenden Wagenrennen. Diesmal hat der stolze Glaucus sogar mit Krokodilen und Elefanten gekämpft!

Marius lauscht mit glänzenden Augen. Er träumt davon, ein berühmter Gladiator wie Glaucus zu werden.

DIE TODGEWEIHTEN GRÜSSEN DICH*

Ursprünglich veranstalteten die Römer Zirkusspiele zu Ehren der Götter. Sie sollten dafür Rom vor Seuchen und Bränden verschonen. Der Tod der Gladiatoren und Tiere galt als religiöses Opfer. Mit der Zeit geriet der religiöse Sinn jedoch in Vergessenheit. Die Spiele wurden immer prunkvoller und blutiger, die Arenen größer. Der Circus Maximus bot bis zu 385 000, das Colosseum bis zu 50 000 Personen Platz. Das Volk bekam nicht nur Getreide und Brot spendiert um sich die knurrenden Mägen zu füllen. Es erhielt von den Kaisern und steinreichen Patriziern außerdem noch Unterhaltung geschenkt, damit es nicht murrte.

Nur wenige Gladiatoren schafften es, umjubelte Stars zu werden. Die meisten waren Verbrecher oder Sklaven, die man zum Kämpfen zwang. Sie wurden in der Arena mehr oder weniger schmerzvoll abgeschlachtet. Den wilden Tieren, die zu Tausenden aus Indien und Afrika eingeführt wurden, ging es nicht anders. Je mehr Blut floss, desto größer die Begeisterung der Masse.

*MORITURI TE SALUTANT!

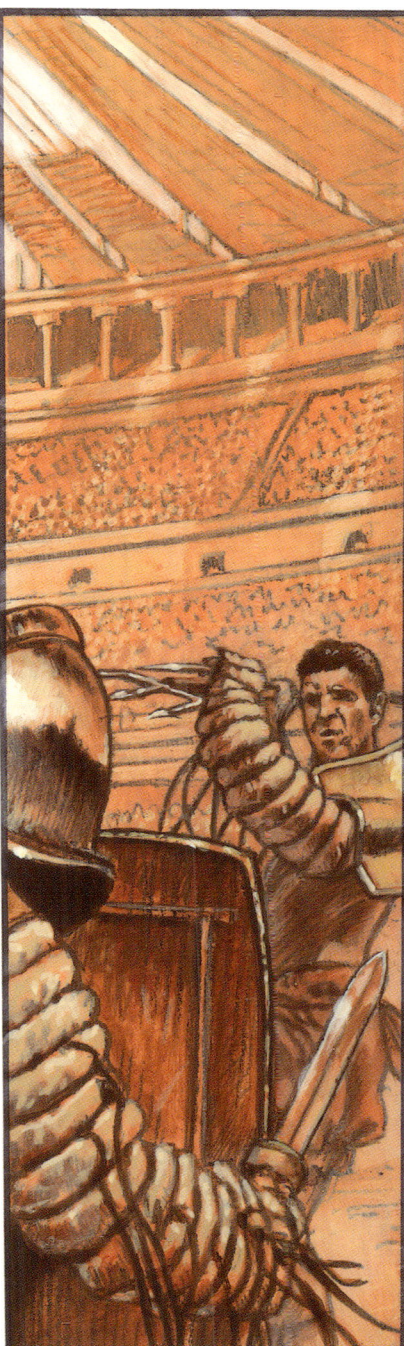

KOLOSSALES COLOSSEUM

Das Colosseum in Rom ist das größte Amphitheater des Römischen Reichs. Es ist 188 m lang und 156 m breit. Während der Bauzeit von 10 Jahren wurden 100 000 Kubikmeter Tuffstein und 300 Tonnen Eisenklammern verbaut. Im Jahre 80 n. Chr. fanden die Eröffnungsspiele statt. Sie dauerten 100 Tage. Pro Tag sollen bis zu 5000 Tiere und unzählige Gladiatoren getötet worden sein.

Das Publikum konnte entscheiden: Daumen nach unten bedeutete für den verletzten Gladiator den Tod.

STRASSEN, STAU UND MEILENSTEINE

Sobald die Römer eine neue Provinz erobert hatten, erschlossen sie sie mit Straßen. Die Straßenbauingenieure waren häufig Soldaten. Auch für die Bauarbeiten wurden Soldaten eingesetzt, außerdem Sklaven und Sträflinge. Wenn immer möglich führten die Römerstraßen schnurgerade durchs Gelände.

Römische Straßen dienten in erster Linie militärischen Zwecken: als bequeme und schnelle Marsch- und Reitwege für das Heer. Das etwa 30 Kilogramm schwere Gepäck der Legionäre enthielt nicht nur Waffen und Nahrungsmittel, sondern auch Werkzeuge wie Hacke und Schaufel. Sie waren für den Bau und Unterhalt der Festungen und Straßen bestimmt.

Die Ingenieure legten Wert auf Stabilität: Eine gute Römerstraße besteht aus vier Schichten mit unterschiedlichen Materialien. Ihre Oberfläche ist leicht gewölbt, damit das Regenwasser abfließen kann. Um starke Steigungen und Gefälle zu vermeiden, schüttete man Dämme auf, die heute noch zu erkennen sind. Gefährliche, steile Strecken wurden mit Querrinnen und Geleisen gesichert. Es gab bis

zu zwölf Meter breite Prachtstraßen. Die meisten Fahrwege waren jedoch schmaler und auf die Spurbreite von 1,43 Metern der römischen Wagen zugeschnitten.

Meilensteine am Straßenrand zeigten den Reisenden die Entfernung zur nächsten Stadt an. Manche dieser *millaria* trugen außerdem Inschriften mit den Namen der am Bau der Straße Beteiligten. Für die Archäologie liefern die runden Säulen oft als einziges Überbleibsel der alten Römerstraßen wichtige Informationen.

Man schätzt, dass die gesamte Straßenlänge des römischen Imperiums 100 000 Kilometer betrug. Das dichte Straßennetz förderte Handel und Tourismus. Beliebtestes Reiseziel der reichen Römer war Ägypten. Daneben besuchte man Heilbäder, Heiligtümer oder auch einfach Verwandte und Freunde. Die Hauptstadt Rom war für vermögende Bewohner der Provinz eine lange und beschwerliche Reise wert.

Wer es sich leisten konnte, ließ sich in einer von vier Sklaven getragenen Sänfte transportieren. Auch geschlossene Reisewagen waren den Begüterten vorbehalten. Das Volk reiste mit Ochsenkarren oder ging zu Fuß. Marschtüchtige legten an einem Tag 30 bis 40 Kilometer zurück. Glücklich, wer unterwegs nicht überfallen wurde und eine halbwegs saubere Herberge ohne Flöhe und Läuse zum Schlafen fand! Auch über Stau hat man sich im antiken Rom häufig beklagt. Den Schnelligkeitsrekord stellte übrigens ein Kurier auf, der zu Pferd 575 Kilometer in 36 Stunden zurücklegte.

Meilenstein

Querschnitt durch eine römische Straße von 1 m Dicke:
1 Fundament aus flachen Steinen und Mörtel
2 rundliche Steine und Mörtel
3 einer Schotter aus Kalk und Kies
4 Plattenbelag aus großen zubehauenen Steinen.

RÖMISCHE LÄNGENMASSE
Finger *(digitus)* = 0,018 m
Hand *(palmus)* = 4 Finger = 0,07 m
Fuß *(pes)* = 16 Finger = 0,29 m
Schritt *(passus)* = 5 Fuß = 1,48 m
Meile *(mille passus)* = 1000 Fuß = 1480 m

DER SCHATZ IN DER MÜLLGRUBE

In der Küche herrscht Hochbetrieb. Die Gäste treffen jeden Augenblick ein. Rasch, rasch! Die Küche wird geputzt und der Abfall in die Grube hinter dem Haus geworfen. In der Eile ging ein Krug in Scherben. Weg damit, bevor es die *matrona*, die Hausherrin, bemerkt.

Die in den Nordprovinzen gehaltenen Schweine waren behaarter und zierlicher als unsere modernen Schweinerassen.

Bei diesem senkrechten Querschnitt durch verschiedene Ablagerungsschichten des Bodens erkennt man deutlich das Bruchstück einer römischen Amphore.

 **ABFÄLLE ERZÄHLEN SPANNENDE GESCHICHTEN**
Archäologen brauchen unendlich viel Geduld. Sie stoßen bei ihren Grabarbeiten selten auf Schatzkisten, die mit antiken Goldmünzen und Schmuck gefüllt sind. Oft wühlen sie sich tagelang durchs Erdreich, ohne einen einzigen Fund zu machen. Meist müssen sie sich mit Knöchelchen, Fischschuppen oder einigen verkohlten Getreidekörnern begnügen. Unter Umständen können jedoch unscheinbare Knochen, Schneckenhäuschen oder Fischgräten interessante Informationen liefern. Aus einer unappetitlich riechenden Grube, die zur Entsorgung von Abfällen diente, wird nach ein paar Jahrhunderten eine wissenschaftliche Schatztruhe. Die harten Überbleibsel der römischen Küchen und Tafeln verraten findigen Fachleuten zuerst einmal, wovon sich die Menschen damals ernährten. Das ist aber noch lange nicht alles. An Tierknochen lässt sich noch viel mehr erkennen. Zum Beispiel, welche Teile der Haus- und Wildtiere am liebsten gegessen wurden. Größere Mengen

SEI GEPRIESEN, BACCHUS, GOTT DES WEINES!

Wein galt bei den alten Römern als Grundnahrungsmittel. Er gehörte zum Essen wie Brot oder Gemüse. Dennoch war der Wein etwas Besonderes. Die geselligen, sinnenfrohen Römer schätzten außerdem die Wirkung des darin enthaltenen Alkohols als Kummertöter und Zungenlöser. Der römische Wein war vermutlich schwer und wurde deshalb normalerweise stark mit Wasser verdünnt. Nur Säufer tranken ihn pur. Ausnahmen bildeten zum Beispiel religiöse Feiern: Wenn man sich dem Weingott Bacchus zu Ehren berauschte, kam kein Wasser in den Krug. Der Wein wurde in Fässern oder zweihenkligen Krügen, den Amphoren, gelagert und transportiert.

Weil die Römer Schleckmäuler waren und Gewürze über alles liebten, aromatisierten sie den vergorenen Traubensaft mit Honig, Pfeffer, Rosen, Veilchen, Minze, Anis, Pech, Harz und anderen Gewürzen.

Hundeknochen lassen darauf schließen, dass die treuen Wächter bei den ärmeren Leuten hin und wieder in der Bratpfanne endeten. An den Rinderknochen ist das Alter der geschlachteten Tiere feststellbar: Gewöhnlich verzehrten die Römer ausgewachsene Rinder, die zuvor als Zug- oder Tragvieh genutzt wurden. Kalbfleisch war ein Luxus, den sich sogar die Reichen selten leisteten. Anhand der Knochen wurde außerdem nachgewiesen, dass die Römer größere Rinder als die Kelten gezüchtet hatten.

Zu den ergiebigen archäologischen Fundstätten gehören die Abfallhaufen von Metzgereien, Töpferwerkstätten, Gerbereien und Glashütten. Weil es bei den Römern zum guten Ton gehörte, Speiseabfälle kurzerhand auf den Fußboden fallen zu lassen, geben auch ehemalige Schenken Auskunft über römische Essgewohnheiten. Dort wurden, gut konserviert durch den Lehmboden, Hühnerknochen, Muschelschalen und Fischgräten gefunden.

Dieser römische Vorratstopf aus Basel enthielt das säuberlich zerteilte Vorderviertel eines gepökelten Schweins.

MACH MIT!
SCHERBENPUZZLE
Was für ein Gefäß ging hier in die Brüche? Bereits die Griechen benutzten es zum Lagern und Transportieren von festen und flüssigen Nahrungsmitteln.

DAS GASTMAHL
Die Gäste geizen nicht mit Komplimenten. Welch schönes Haus!

Welch luxuriöses Geschirr, welch delikate Speisen! Man schlemmt wie in den besten Häusern Roms.

Nur Flavia kann sich nicht so recht freuen. Rusticus war hier! Seine Neckereien und Anspielungen auf die bevorstehende Hochzeit machten Flavia verlegen und wütend. Er hat den Weinbecher zu oft geleert. Als er Flavia gar einen Kuss geben wollte, verpasste sie ihm eine schallende Ohrfeige. Worauf der angetrunkene Freier die Villa erzürnt verließ und im Galopp nach Hause ritt.

REBELLION AUF DEM GUTSHOF

Rusticus ist einer der besten Reiter in Colonia Superba und Umgebung. Nach einer halben Stunde taucht in der Ferne der Gutshof seines Vaters auf. Es ist der größte weit und breit. Die Villa kann sich mit jedem Stadthaus messen. Es fehlen weder Bäder noch Bodenheizung. Teure Mosaiken und ein Lustgarten mit südlichen Pflanzen und Marmorstatuen sind der Stolz der *matrona*, der Hausherrin. Der Verwalter wohnt in einem bequemen Haus im Wirtschaftsteil. Für die übrigen Arbeitskräfte wurden einfache Häuschen errichtet. Die Ochsenknechte schlafen bei den Tieren in den Stallungen. Es gibt Gebäude für den Käser, die Handwerker, Obst- und Gemüsegärten, eine Mühle und sogar einen kleinen Friedhof. Der Anblick des mustergültigen Anwesens ist eine wahre Freude!

Doch Rusticus' Zorn ist während des Ritts nicht verraucht. Flavia hat ihn vor allen Leuten gedemütigt! Was bildete sich diese Göre ein?

Der Gutsverwalter merkt, dass mit dem Sohn seines Herrn heute nicht gut Kirschen essen ist. Er versucht ihm aus dem Weg zu gehen. Vergeblich. »He, Verwalter! Lauf nicht davon. Ich wollte schon lange mit dir reden.«

Rusticus wirft ihm vor, die Sklaven zu gut zu behandeln. »Du gibst ihnen zu viel zu essen und zu wenig Hiebe. Kein Wunder, dass sie auf der faulen Haut liegen!«

Der Verwalter kann seinen Ärger nicht verbergen: »Du weißt, Herr, dass sich die Zeiten geändert haben. Man prügelt die Sklaven nur noch, wenn sie es verdient haben. Und wenn du willst, dass sie arbeiten und nicht zu Räubern werden, musst du ihnen genug zu essen geben.«

Der betrunkene Rusticus duldet jedoch keinen Widerspruch. Er holt mit der Peitsche aus und will den Aufsässigen zum Schweigen bringen. Der Verwalter wehrt den Schlag mit der Hacke ab, sodass Rusticus das Gleichgewicht verliert und stürzt. Er blutet am Kopf und bleibt reglos liegen.

Eine solche Erntemaschine *(vallum)* ist auf einem Trierer Grabrelief aus dem 2. Jahrhundert n. Chr. abgebildet.

Die Ärzte empfahlen Wein, in Maßen genossen, als Medizin gegen verschiedene Krankheiten. Trinkfeste römische Dichter berichten aber auch von wilden Saufgelagen, die meist unter Männern stattfanden. Anständige Frauen waren nur bei den Gastmählern anwesend.

Die Reichen tranken in den eigenen vier Wänden, während die einfacheren Leute in Schenken (*tabernae*) oder Kneipen (*cauponae*) zechten und mit Würfeln spielten. Hier floss der billige Fusel in Strömen. Flotte Werbesprüche auf Tüchern oder Tafeln lockten die Gäste ins Lokal.

Diese hübschen Weingefäße aus Trier sind mit aufgemalten Trinksprüchen verziert, zum Beispiel:

Bene Tibi Sit – Auf dein Wohl!
Da Vinum – Gib Wein!
Bibite – Trinkt!

Billiger Most wurde auf diese Weise genießbar gepanscht. Im Winter erhitzte man den Wein, im Sommer kühlte man ihn mit Schnee und Eis. Die Römer hatten die Kelterung der Trauben nicht erfunden. Wein wurde schon bei den Mesopotamiern und Griechen getrunken. Sie brachten jedoch den Weinanbau in die nördlichen Provinzen. Der Wein schmeckte den Provinzlern allerdings nur zu gut! Ende des 1. Jahrhunderts gab Kaiser Domitian den Befehl, die Hälfte der Reben auszureißen und dafür wieder mehr Getreide anzubauen.

Durch solche Bronzesiebe goss man den Wein vor dem Trinken, um zuvor beigemengte Gewürze herauszufiltern.

1 Haus des Verwalters
2 Jupiter-Säule
3 & 4 Hauptgebäude (Herrenhäuser)

POLLEN UND SAMEN UNTER DER LUPE
Was wurde in den römischen Gutshöfen angebaut? Weil meist keine schriftlichen Zeugnisse existieren und die ausgegrabenen Mauern darüber keine Auskunft geben, werden Pflanzenpollen, Samen und andere pflanzliche Überreste gesucht und untersucht. Mit Hilfe der so genannten Archäobotanik können die Forscherinnen und Forscher anhand winzigster Pflanzenteile mehr über die Landwirtschaft und Ernährung unserer Vorfahren herausfinden: etwa welche Pflanzen angebaut und welche importiert wurden. Bei ausgegrabenen Gebäuden verraten Getreidekörner zum Beispiel die Nutzung als Kornspeicher oder Mühle.

49

EIN SCHWARZER TAG ODER: GLÜCK IM UNGLÜCK

Der Verwalter ist in einer misslichen Lage. Rusticus liegt leblos vor ihm! Niemand wird ihm Glauben schenken, dass er sich nur verteidigt hat. In Rom würde man ihn als Mörder den Löwen zum Fraß vorwerfen! Sein Glück ist, dass niemand den Vorfall beobachtet hat. Daher scheint es ihm klüger, wenn er sagt, der angeheiterte Rusticus sei vom Pferd gefallen und habe sich dabei tödlich verletzt. Also schickt er einen Sklaven in die Stadt, in die Villa des Bürgermeisters, um Rusticus' Vater über das Unglück zu informieren.

Die schreckliche Nachricht beendet das Fest abrupt. Auch Flavia ist entsetzt, obwohl sie keine Trauer verspürt. Der Bürgermeister lässt sogleich den Wagen vorspannen. Ein Medicus muss her! Der Wagenführer hat einen Vorschlag: »Herr, nur eine Straße weiter wohnt der Grieche Heliodoros. Es heißt, er sei der Beste in der Stadt.«
Dem Bürgermeister bleibt keine andere Wahl, denn sein eigener Leibarzt ist auf Reisen.

Als Asklepiades die Türe öffnet, traut er seinen Augen nicht. Flavias Vater in ihrer bescheidenen Hütte! Doch der interessiert sich im Moment nicht für ihn, sondern nur für den Arzt. Er solle sogleich mitkommen, ein Notfall.
Heliodoros schluckt seinen Ärger über den Bürgermeister schließlich herunter. Aber seinen Sohn will er auf jeden Fall mitnehmen, er kann ihm vielleicht helfen.

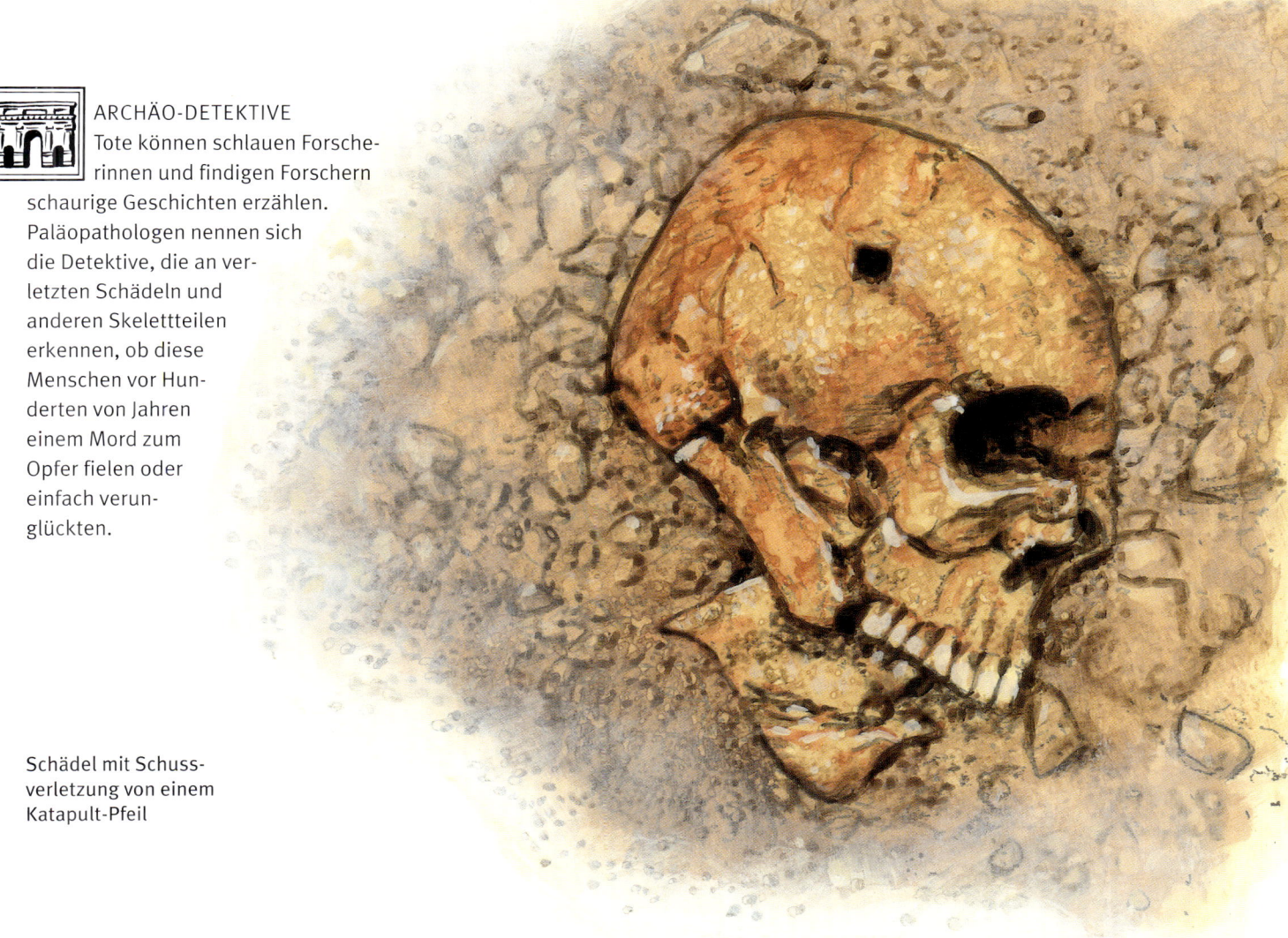

Schädel mit Schuss-
verletzung von einem
Katapult-Pfeil

Als sie endlich beim Gutshof ankommen, liegt Rusticus immer noch in seinem Blut. Sein Vater weint und klagt: »Er ist noch so jung! Und so gut zu Pferd. Wie konnte das nur passieren?«

Als Heliodoros feststellt, dass das Herz des vermeintlichen Toten noch schlägt, schickt er die Leute weg. »Bringt den Patienten vorsichtig auf einer Bahre ins Haus. Dann geht und bittet die Familiengötter um Beistand.«

Was der Grieche und sein Sohn dann tun, bleibt ihr Geheimnis. Das Wunder geschieht: Rusticus lebt und wird wieder gesund werden! Sogar Flavius staunt. »Erweisen Sie mir die Ehre, uns beim nächsten Gastmahl zu besuchen? Auch meine Frau und meine Tochter Flavia würden sich freuen.«

Der Verwalter und sein Gehilfe können ebenfalls Hoffnung schöpfen. Rusticus scheint durch den Schlag das Gedächtnis verloren zu haben.

»Nicht weiter schlimm«, meint der Arzt, »mit der Zeit findet er sich wieder bestens zurecht. Nur an den Unfall wird er sich wahrscheinlich nicht mehr erinnern.«

WEISS ODER SCHWARZ?
Die Römer strichen sich Unglückstage im Kalender mit schwarzer und Glückstage mit weißer Kreide an. Daher kommt der Ausdruck des »schwarzen Tages«.

GÖTTER, GRÄBER UND BÖSE GEISTER

Als der Bürgermeister müde nach Hause kommt, wird er von seiner Familie und den Sklaven erwartet. Es ist alles bereit, um den Hausgöttern zu opfern. Nur der Hausherr darf den Kult vollziehen. Die Hausherrin bittet ihn inständig darum: »Nur mit Hilfe der Schutzgötter wird Rusticus, der Sohn deines besten Freundes, wieder gesund.« Da tritt der Vater vor den Hausaltar. Während er laut betet, gießt er ein wenig Wein aus dem silbernen Becher in die Opferschale des Hausgottes. Er legt ein paar Blütenzweige und ein Stück Kuchen dazu. Außerdem stellt er einen Räucherkelch aus Ton auf den Altar. Daraufhin stimmen alle ins Gebet ein. Sogar Flavia betet mit, aber sie fügt im Stillen hinzu, der Gutsherrensohn möge sie vergessen und sich eine andere Braut suchen.

Venus

Merkur

Genius des römischen Volkes

Victoria

Viele Hausaltäre zeigen Schlangen, an deren besondere Kräfte die Römer glaubten.

MACH MIT!
RÖMISCHE TONFIGUREN

Die etwa 5 bis 10 Zentimeter hohen Figürchen, die man in vielen Gräbern fand, sollten die Verstorbenen wahrscheinlich auf ihrer Reise ins Jenseits beschützen. Die hübschen Ziegen, Tauben, Hähne oder Hunde sind mit rotem Ton, der nicht gebrannt werden muss, einfach nachzuformen. Oder modellierst du lieber ein original römisches Öllämpchen?

 UNSTERBLICH MÖCHTEN WIR SEIN!
Die Römer verehrten viele Gottheiten. Die bedeutendsten waren Jupiter, Juno, Minerva, Merkur, Diana, Mars, Venus und Neptun. Jede Gottheit war für bestimmte Lebensbereiche zuständig. In den öffentlichen Tempeln führten Priester die Opferhandlungen durch, im eigenen Heim der Hausherr. Menschen und lebende Tiere wurden selten geopfert, man begnügte sich meist mit Nahrungsmitteln, Wein oder Geld. Manchmal aß man die Opfergaben sogar gleich selber auf und das Ganze endete in einem fröhlichen Fest.

Die Hausgötter, die so genannten Laren, waren im Lararium, einer Nische oder Kapelle, untergebracht. Diese Schutzgötter wurden bei Geburten, Krankheiten, Hochzeiten, Todesfällen und anderen bedeutenden Ereignissen angerufen. Die Penaten waren für Speise und Trank zuständig, die Manen stellten die Geister der Toten dar. Die Römer glaubten nämlich, dass die Toten auf der Erde herumgeistern, wenn man sie nicht ständig mit Geschenken und Ritualen beruhigte.

Verstorbene von Rang und Namen ehrte man mit pompösen Begräbnissen und Grabmälern. Sie sollten den Lebenden möglichst lange in Erinnerung bleiben! Da es verboten war, Menschen innerhalb der Siedlung zu bestatten, lagen die Friedhöfe und Mausoleen meist entlang der stark befahrenen Ausfallstraßen. Für die Ärmeren wurde nur ein Erdhügel angehäuft oder ein bescheidenes Denkmal aus Holz gefertigt.

Die Toten wurden eingeäschert oder in einem Sarg beigesetzt. Manchmal versüßte man den Verstorbenen das Leben im Jenseits mit Grabbeigaben: Nahrungsmittel und Getränke in Tongefäßen, Fibeln, Schmuck, Parfüm, Schminke, Öllampen, Werkzeuge, Schreibutensilien, Würfel und Spielsteine, Puppen und kleine Tonfigürchen. Ganz sicher waren sich die Römer zwar nicht, ob sie nach dem Tode weiterleben würden. Doch die Vorstellung war angenehm, fast wie die Götter ein wenig unsterblich zu sein.

WO DU BIST, DA BIN AUCH ICH!

Amor, der geflügelte Liebesgott, hat wieder einmal gesiegt. Flavia konnte ihren Vater endlich davon überzeugen, dass Asklepiades der Richtige ist. Er wird ein mindestens ebenso guter Arzt werden wie sein Vater. Bis zur Hochzeit hat Flavia alle Hände voll zu tun: Sie spinnt und webt ihre Kleider, die sie in die Ehe bringen wird, und lässt sich von ihrer Mutter beibringen, wie ein großer Haushalt geführt wird.

Sechsmal hat sich der Mond nun bis zum Tag der Hochzeit gerundet: Ein halbes Jahr ist vergangen. Flavia trägt eine lange Tunika. Ihre Haare sind in sechs Zöpfe geflochten und um den Kopf gewunden. Die Feierlichkeiten finden am Morgen in der

Asklepiades erwartet seine Flavia an der Schwelle des Hauses und reicht ihr als Sinnbild für das Leben Feuer und Wasser.

Villa ihrer Eltern statt. Eine Ziege wird geschlachtet und ihre Eingeweide von einem Priester genau geprüft. Das Orakel ist günstig: Es verspricht langes Glück und reichen Kindersegen. Dann werden die Heiratsverträge ausgetauscht. Man erbittet den Segen der Götter und spendet ihnen einen Kuchen. Anschließend findet das Hochzeitsmahl statt.

Der Abendstern am Himmel gibt den frisch Vermählten das Signal zum Aufbruch. Die Tochter umarmt noch einmal innig Vater und Mutter, doch die ausgelassenen Gäste ziehen sie fort, aus dem Elternhaus: So verlangt es der Brauch. Die Freunde und Asklepiades erwarten seine Gattin Flavia in ihrem gemeinsamen neuen Heim. Die Gäste und

SCHEIDUNG AUF LATEINISCH

In Rom wurde schnell geheiratet und rasch wieder geschieden. Männer und Frauen, die die Scheidung wollten, sprachen einfach die Worte: *Tuas res tibi habeto*. Das hieß so viel wie: Erledige deinen Kram künftig selber. Mehrmals zu heiraten, war damals üblich. Bei Frauen, die nur mit einem Mann verheiratet waren, wurde dies lobend auf dem Grabstein vermerkt. In den Provinzen waren die Sitten jedoch strenger.

SPIELT, MUSIKANTEN!

Die Römer liebten die Musik, obwohl sie meist selber kein Instrument beherrschten. Berufsmusiker spielten im Theater auf, aber auch bei Zirkusspielen, Gastmählern, Hochzeiten und feierlichen Begräbnissen. Typische Instrumente waren Lyra und Kithara (Saiteninstrumente), Flöte, Wasserorgel und Trommel. Auch das Militär machte Musik und übermittelte mit Instrumenten wie der Tuba und einem schneckenförmigen Horn Signale.

Verwandten machen derbe Sprüche und Späße. Die Ehefrau darf am Tag ihrer Hochzeit die Schwelle ihres neuen Heims auf keinen Fall berühren! Zwei junge Männer tragen Flavia deshalb auf den Armen ins Haus. Vor dem Hausaltar spricht sie die Trauungsformel: *Ubi tu Gaius, ibi ego Gaia* (Wo du bist, Gaius, da bin ich, Gaia).

RUINEN ERZÄHLEN

Von der Provinzstadt Colonia Splendida sind nur Ruinen übrig
geblieben. Kriege, Feuersbrünste, Erdbeben und Hochwasser haben
die stolze Siedlung in Schutt und Asche gelegt. Die Einwohner
verließen den Ort und die Bauten wurden vernachlässigt. Es ist
erstaunlich, in welch kurzer Zeit sogar meterdicke Mauern
zerfallen können. Den späteren Einwohnern lieferten die
römischen Ruinen billiges Baumaterial und sie
wurden rücksichtslos geplündert. Oft blieben
lediglich die Fundamente zurück. Auch sie
wurden im Lauf der Zeit von Schlamm und
Geröll bedeckt. Gras ist über viele
Altertümer gewachsen.

*SO VERGEHT DER
GLANZ DER WELT.

SIC·TRANSIT*
GLORIA·MUNDI

Seit dem 18. Jahrhundert werden die antiken Ruinen von Forschern freigelegt. Sie wurden zum Teil wiederhergestellt und können besichtigt werden. Die schönsten und interessantesten Funde sind in Museen zu sehen (Eine Auswahl von Adressen auf S. 59). Die Ausstellungen dort zeigen nicht einfach kostbare alte Sachen: Beim Brotbacken, Kochen oder Töpfern erhalten wir Einblick in das Alltagsleben der Römerzeit. Und selbst die stummen Steine beginnen packende Geschichten zu erzählen, wenn wir genau hinschauen: von Menschen, die vor langer Zeit existierten und dennoch bis heute lebendig geblieben sind.

Die Römer haben in den europäischen Sprachen, in Literatur, Kunst, Architektur, Technik, Rechtsprechung und Landwirtschaft deutliche Spuren hinterlassen. Ihr Reich ist untergegangen, aber ihre Zivilisation wurde nicht vernichtet. In Gegenden, wo die Römer siedelten, sind sogar ihre Gene immer noch aktiv: Gesichtern, die römischen Statuen zum Verwechseln ähnlich sehen, begegnet man hier auf Schritt und Tritt.

ZEITTAFEL IN SCHLAGZEILEN

→ 754/753 V. CHR.
Nach der Sage Gründung der Stadt Rom. Sie wird von etruskischen Königen regiert.

→ UM 600 V. CHR.
Erste Inschriften in lateinischer Sprache. Der erste Abwasserkanal Roms, die cloaca maxima, wird gebaut.

→ 509 V. CHR.
Ende des etruskischen Königtums. Gründung der Republik, die bis 31 v. Chr. dauert. Bis zu ihrem Niedergang im 2. Jahrhundert v. Chr. beeinflusste die hochstehende Zivilisation der Etrusker die römische Kultur stark.

→ 494 v. Chr.
Der Volkstribun wird eingesetzt. Die Tribune vertraten die Interessen der Plebejer, des gewöhnlichen Volks, in der Stadt Rom.

→ UM 450 V. CHR.
Die Römer erhalten die erste schriftlich festgehaltene Gesetzgebung.

→ 366 V. CHR.
Zum ersten Mal wird ein Plebejer Konsul, zehn Jahre später wird einer Diktator. Der Plebs, also das Volk, erhält vermehrt Zugang zu politischen Ämtern.

→ UM 387 V. CHR.
Kelten erobern vorübergehend Mittelitalien und Rom. Die furchterregenden «Barbaren» aus Gallien beeindruckten die Römer noch lange.

→ 346 V. CHR.
Rom wird von der Pest heimgesucht. Das Ende der Epidemie wurde den Göttern mit szenischen Spielen und Musik gedankt: Es war die Geburt des religiösen Theaters.

→ 312 V. CHR.
Die Via Appia zwischen Rom und Capua wird gebaut. Es ist die erste wichtige gepflasterte Straße des Römischen Reichs.

→ 326 V. CHR.
Die Versklavung von verschuldeten Plebejern wird aufgehoben. Dafür beginnt im 4. Jhd. ein schwungvoller Sklavenhandel mit Kriegsgefangenen.

→ 264–241 V. CHR.
Im Ersten Punischen Krieg erobert Rom Sizilien und macht die Insel zur ersten römischen Provinz. Es folgten noch zwei weitere Punische Kriege zwischen Rom und Karthago. Im zweiten überschritt der Karthager Hannibal im Winter 218 mit Elefanten von Spanien herkommend die Alpen und stieß gegen Rom vor.

→ 231 V. CHR.
Sardinien und Korsika werden römische Provinzen.

→ 186 V. CHR.
Die ersten Tierkämpfe werden im Circus Maximus in Rom veranstaltet. Zum ersten Mal treten griechische Athleten auf.

→ 171 V. CHR.
Die ersten Bäckereien in Rom werden erwähnt.

→ 153 V. CHR.
Der Jahresbeginn wird vom 1. März auf den 1. Januar verlegt.

→ 146 V. CHR.
Makedonien, Griechenland und Afrika werden römische Provinzen.

→ 120 V. CHR.
Gallia Narbonensis, die heutige Provence und das Languedoc, wird eine römische Provinz.

→ 58 V. CHR.
Die kostenlose Abgabe von Getreide wird eingeführt.

→ 55–53 V. CHR.
Caesar dringt über den Rhein und bis nach Britannien vor. Der Rhein wird zur Grenze des Römischen Reichs.

→ 44 V. CHR.
Gaius Julius Caesar wird am 15. März im Alter von 56 Jahren ermordet.

→ 27 V. CHR.
Octavian erhält den Titel Augustus und begründet das Kaiserreich. Die römischen Kaiser werden nach ihrem Tode zu Göttern erklärt.

→ 15 V. CHR.
Das Alpenvorland bis zur Donau und Rätien werden von den Römern erobert. Das Gebiet der heutigen Schweiz wird römisch.

→ 9. N. CHR.
Schlacht beim Teutoburger Wald, wo die römischen Legionen eine schmerzliche Niederlage erleben.

→ 64 N. CHR.
Rom wird durch eine Feuersbrunst fast vollständig zerstört.

→ 80 N. CHR.
Einweihung des Colosseums in Rom.

→ UM 90 N. CHR.
Die Provinz Obergermanien (Germania Superior) wird errichtet.

→ UM 100 N. CHR.
Der Limes als Grenze gegen Germanien wird gebaut.

→ 161/162 N. CHR.
Germanen stoßen zum ersten Mal über den Rhein in die römischen Provinzen vor.

→ 212 N. CHR.
Alle freien Einwohner der Provinzen erhalten das römische Bürgerrecht.

→ 260 N. CHR.
Das Römische Reich beginnt zu zerfallen. Der Limes wird immer wieder von Germanen, Alemannen, Franken und Burgundern durchbrochen: Die Völkerwanderung beginnt.

→ 313 N. CHR.
Die Religionsfreiheit und der Schutz der Christen werden offiziell gewährleistet.

→ 391/392 N. CHR.
Römische Kulte und Tempelbesuche werden verboten und gelten nun als heidnisch.

→ 404 N. CHR.
Die Gladiatorenkämpfe werden untersagt.

→ 455 N. CHR.
Rom wird von den Wandalen, einem germanischen Volksstamm, geplündert.

→ 476 N. CHR.
Der letzte weströmische Kaiser, Romulus Augustulus, wird vom Ostgoten Odoaker abgesetzt.

INTERNETLINKS UND MUSEUMSADRESSEN

➡ www.limesstrasse.de
Wer auf den Spuren der Römer
wandeln will, ist hier richtig.

➡ www.novaroma.de
Homepage für wahre Römer-Fans

RÖMISCHE GESCHICHTE

➡ www.augusta-raurica.ch
Seite des Museums in Augst mit
ausführlicher Stichwortliste

➡ www.lateinforum.de
Ausführliche Seite über Latein und
römische Geschichte mit vielen,
vielen weiterführenden links!

➡ www.markaurel.de
Sehr schöne Seite über römische
Geschichte

➡ www.roma-antiqua.de
Ein virtueller Rundgang durch die
antike Stadt Rom

ARCHÄOLOGIE

➡ www.ufg.uni-freiburg.de/digger.html
Eine Suchmaschine für Archäologen
und solche, die es sein möchten

➡ www.geschichte.uni-
osnabrueck.de/projekt
Infos zur Varusschlacht und
Ausgrabungen bei Kalkriese

➡ www.waldgirmes.de/roemer/
links.htm
Interessante Seite über Ausgrabungen und Funde in Waldgirmes
bei Gießen mit Links zum Thema
Archäologie und Römer

MUSEEN

DEUTSCHLAND

Aalen
Limesmuseum Aalen,
Sankt-Johann-Straße 5,
73430 Aalen
➡ www.uni-tuebingen.de

Verein Deutsche Limes-Straße,
Marktplatz 2,
73430 Aalen
➡ www.limesstrasse.de/

Aschaffenburg
Pompejanum,
Schlossplatz 4,
63739 Aschaffenburg

Augsburg
Römisches Museum,
Dominikanergasse 15,
86150 Augsburg,
➡ www.augsburg.de

Bad Homburg vor der Höhe
Saalburgmuseum,
Saalburg-Kastell,
61350 Bad Homburg vor der Höhe
➡ www.saalburgmuseum.de

Hechingen-Stein
Römisches Freilichtmuseum,
72379 Hechingen-Stein

➡ www.villa-rustica.de

Homburg (Saar)
Römermuseum Schwarzenacker,
Homburger Straße 38
66424 Homburg-Schwarzenacker

Kempten
Archäologischer Park Cambodunum,
Cambodunumweg 3
und Thermenstraße,
87437 Kempten

Kipfenberg
Römer- und Bajuwaren-Museum,
Burg,
85110 Kipfenberg

Köln
Römisch-Germanisches Museum,
Roncalliplatz 4,
50667 Köln
➡ www.museenkoeln.de

Köngen
Römerpark Köngen
➡ www.koengen.de/ortsrundgang/
museum.htm

Mainz
Römisch-Germanisches Zentralmuseum,
Kurfürstliches Schloss,
55116 Mainz
➡ www.mainz.de

Rottenburg am Neckar
Römisches Stadtmuseum,
Am Stadtgraben,
72101 Rottenburg am Neckar
➡ www.cityinfonetz.de/region/rottenb/
sumeloc/01.html

Speyer
Historisches Museum der Pfalz,
Domplatz,
67324 Speyer

➡ www.museum.speyer.de

Trier
Rheinisches Landesmuseum,
Weimarer Allee 1,
54290 Trier
➡ www.uni-trier.de

Weißenburg
Römermuseum Weißenburg,
Martin-Luther-Platz 3–5,
91780 Weißenburg
➡ www.weissenburg.de/Frei_Ver/
museum1.htm

Xanten
Römermuseum Xanten und
Archäologischer Park,
Kurfürstenstraße 7-9
46509 Xanten

ÖSTERREICH

Bad Deutsch-Altenburg
Archäologisches Museum Carnuntinum,
Badgasse 40–46,
2405 Bad Deutsch-Altenburg,
➡ www.carnuntum.co.at

SCHWEIZ

Avenches
Musée Romain d'Avenches/
Römermuseum Aventicum,
1580 Avenches

Augst
Römerstadt und Römermuseum
Augusta Raurica,
Giebenacherstraße 17,
4302 Augst
➡ www.augusta-raurica.ch

Brugg
Vindonissa-Museum,
Museumstr. 1,
5200 Brugg

Lausanne
Musée romain de Vidy/
Römermuseum von Vidy,
24, Chemin, du Bois-de-Vaux,
1000 Lausanne 3

STICHWORTLISTE

NOVIOMAGVS
Nimwegen

VETERA
Xanten R M

RHENVS
Rhein

NOVAESIVM
Neuss
R M

COLONIA CLAVDIA ARA
AGRIPPINENSIS
Köln

BONNA
Bonn

Koblenz
CONFLVENTES

GERMANIA INFERIOR

BELGICA

R M Saalburg

Mosel
MOSELLA
MOGONTIACVM R M
Mainz

AVGVSTA
TREVERORVM
Trier
R M

BORBETOMAGVS
Worms

LIMES

R M
Homburg

NOVIOMAGVS
Speyer R M

LOPODVNVM
Ladenburg

DIVODVRVM
Metz

Aalen R M

AQVAE
Baden-Baden

GRINARIO
R M Köngen

ARGENTORATVM
Straßburg

R M
Rottenburg a. N.
SVMELOCENNA

Donau
DANVBIVS

GERMANIA SVPERIOR

R M
Hechingen

RAE

R M
CAM
Kempt

Basel
BASILIA

AVGVSTA
RAVRICA R
Augst M

R M
R M
VINDONISSA
Windisch

VESONTIO
Besançon

AQVAE
HELVETICAE
Baden

CLVNIA
Feldkirch

Avenches R M

AVENTICVM